일생에
한번은
프라하를
만나라

일생에 한번은 프라하를 만나라

천 년의 세월을 간직한 예술의 도시

김규진 지음

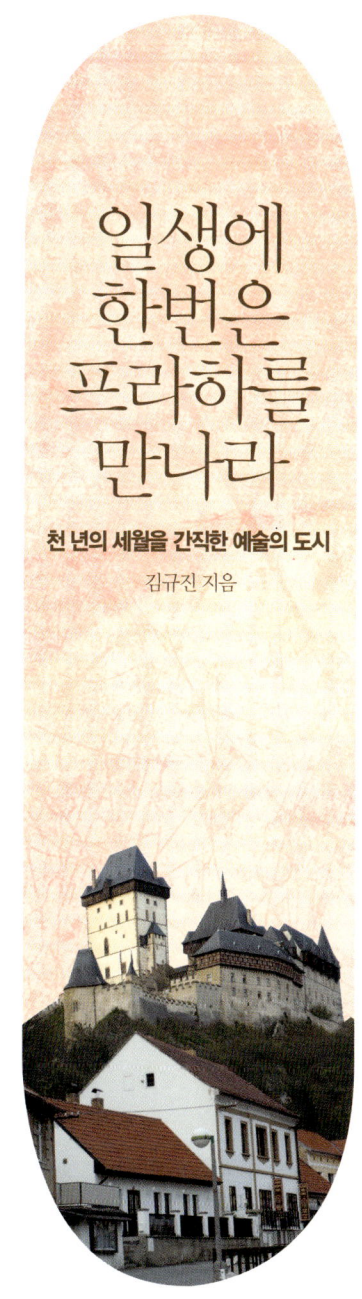

21세기북스

프롤로그

황홀한 매력을 품은
중동부유럽의 중심을 만나다

1901년, 체코 작가 브라스E. St. Vráz는 중국을 거쳐 한반도를 방문했다. 그는 한국에서 많은 사진을 찍고 은둔의 나라 한국에 대해 호기심 어린 글을 썼다. 1980년대 초반에 시카고에서 만난 그의 딸이 아버지가 글을 쓰다가 영감을 받기 위해 먼 나라를 여행하곤 했는데, 책으로 출판하려고 한국에 관해 쓴 원고가 있었다고 한 것이 기억난다.

작가 은희경은 글을 쓰다가 영감이 떠오르지 않으면 훌쩍 여행을 떠난다고 한다. 여행에는 미지에 대한 호기심을 충족시켜주는 그 무엇이 있다. 무엇인가 새로운 것에 대한 갈망은 여행을 위한 원동력이 된다. 그래서 나는 여행을 좋아한다.

나는 동유럽의 자유화 이후로 1990년 여름에 러시아, 체코슬로바키아, 헝가리, 폴란드, 유고슬라비아 등 여러 나라의 도시를 방문하고 신문 및 잡지에 문학예술 기행을 써왔다. 15년간의 여행은 소중한 경험이 되었고, 『러시아 동유럽 문학, 예술 기행』이라는 책을 내는 계기가 되었다.

이번에는 그보다 좀 더 집중하여 한 나라에 관한 여행담을 써보았다. 체코에 대한 이야기다. 체코는 1990년 여름에 프라하를 방문한 이래 금년까지 25번 이상을 다녀왔다. 이렇게 여러 번 여행할 수 있었던 것은 블타바 강에 놓인 카렐교에 새겨진 부조를 잡고 해마다 이 아름다운 프라하를 보게 해 달라고 전설에 따라 소박한 기도를 한 덕인지도 모르겠다.

프라하와 체코 전역에는 종교적, 역사적 전설과 이야기가 얽힌 거대한 중세 성곽들, 건물, 예술품들이 많을 뿐 아니라 문학가와 예술가, 음악가에 대한 이야기가 많기 때문에 유럽에서 가장 매혹적인 지역으로 전 세계인의 호기심을 자아낸다.

프라하에서는 모차르트의 고향 잘츠부르크나 주로 활동했던 비엔나보다 더 많은 모차르트의 음악과 오페라 공연을 볼 수 있다. 이 점 역시 이 도시를 더욱 국제적인 곳으로 만든다. 모차르트는 프라하에서 오페라 〈피가로의 결혼〉을 성공적으로 공연하고, 프라하 시민에게 보답하기 위해 프라하에 머물면서 오페라 〈돈조반니〉를 작곡해 스타보프스키 극장에서 초연했다. 그는 49곡의 교향곡 중 으뜸이라고 할 수 있는 현란하며 상쾌한 교향곡 〈프라하〉를 1876년에 작곡하기도 했다.

20세기 문학의 거장 카프카 역시 프라하가 자랑하는 인물이다. 골렘 전설과 카프카의 오묘한 문학을 이해하기 위해서는 그가 거닐었던 중세의 조약돌 길을 걸어봐야 한다. 카프카의 위대한 소설 『변신』을 가르치면서도 늘 이해 못하는 부분이 많았는데, 프라하 골목길을 여러 번 배회하면서 프라하에 체코인의 삶과 독일인의 문화, 유대인의 애환이 서려 있다는 사실을 깨닫고 나서야 그를 더욱 잘 이해할 수 있었다.

카프카가 일생 동안 프라하에서 벗어나지 못했듯이, 프라하는 누구나 인연을 맺기만 하면 강렬한 유혹을 저버리기가 쉽지 않은 도시다. 여름만 되면 역마살이 끼는지, 플젠 맥주의 향기가 날 유혹하는지, 밀란 쿤데라가 묘사한 에로틱한 분위기에 사로잡히는지, 하세크가 불러 날 미소 짓게 하는지, 차페크의 로봇이 호기심을 자극하는지, 모차르트, 스메타나, 드보르자크의 멜로디가 유혹하는지, 그것도 아니라면 프라하의 야경이 신비로움에 빠져들게 하는지, 어쨌든 지난 24년간 여름마다 나는 서울과 프라하를 오가면서 세월의 타임머신을 타고 초현실적인 환상에 빠져들곤 했다. 그곳에는 새로운 호기심과 유혹이 있었다. 여러 이유로 프라하와 체코의 역사 유적 도시들은 누구나 일생에 한번은 가볼 만한 곳이다.

성숙한 중년 여인의 모습처럼 세련된 아름다움을 지닌 도시가 프라하라고 한다면, 프라하 주변의 도시는 좀 덜 성숙하지만 처녀처럼 매혹적인 멋을 갖고 있다. 프라하를 중심으로 체코 전역에는 유네스코가 지정한 그림 같은 역사적인 도시가 열두 곳이나 된다. 그 중에서도 프라하보다 젊고 예쁜 도시가 체스키크루믈로프다. 내 고향 무섬마을처럼 3면이 강으로 휘돌아나가는 체스키크루믈로프에 갈 때마다 그런 인상을 받곤 한다. 르네상스 양식을 상징하는 둥근 원형의 화려한 성탑, 로젠베르크 가문이 사용하던 화려한 황금 마차, 내부 장식이 아름다운 예술품 같은 성 이르지 성당의 성스러운 분위기, 당시에는 금기였던 소년소녀의 나신을 그린 에곤 실레의 박물관도 볼만하지만, 정원에서 빙글빙글 돌아가는 반원형의 관중석에서 야외 오페라를 감상할 수 있고 해마다 국제 음악 축제로 세계인의 사랑을 받는 체스키크루믈로프는 어느 계절에 가도 매혹적이다.

체코에서 가장 아름다운 도시로 여러 번 선정된 크로메르지시에는 살로메의 악취미를 상징하는 루카스 크라나흐의 역사적인 그림 〈세례 요한의 잘린 목〉 외에도 유럽의 명화와 조각이 즐비하다. 체코의 유네스코 문화유적 도시 열두 곳이나 건축물 외에도, 지방 도시들 또한 여행객을 유혹하는 먹을거리와 볼거리 그리고 음악회와 오페라 등 수많은 문화행사를 펼친다. 빛과 향이 좋은 맥주와 감자전 안주, 소고기 안심 스비츠코바, 돼지 족발 콜레나와 체코 굴라시, 달콤한 모라바의 아이스와인, 향 좋은 백포도주와 과일 브랜디 그리고 다양한 치즈와 각종 과일 콜라치 등 다양한 먹을거리가 여행객의 입맛을 돋운다.

이 책에는 이러한 체코의 다양한 문화를 마음껏 즐길 수 있는 맛깔나는 이야기들이 빼곡히 담겨 있다. 오랫동안 원고를 기다려준 21세기북스 편집부 여러분께 감사드리고, 이 책을 쓰기 위해 수십 번씩 프라하와 체코를 오가는데도 참고 기다려준 아내와 아들과 며느리에게 이 책을 바치고 싶다.

2013년 5월

김규진

차례

프롤로그
· 4 ·

1부

음악과 문학의 숨결이 살아 있는 프라하

....

유럽의 심장, 전설과 역사의 도시
· 18 ·

세 가지 색깔의 프라하 문학
· 24 ·

유대인들의 슬픔을 묻은 요세포프
· 31 ·

진흙으로 빚은 인간, 골렘의 전설
· 37 ·

왕도를 따라 걷는 프라하 산책
· 41 ·

100개의 박물관과 미술관으로 만든 도시
· 69 ·

프라하의 봄, 프라하 국제 음악 축제
· 75 ·

프리마돈나와의 추억을 선물해준 드보르자크
· 78 ·

위대한 음악가 야나체크와 마르티누
· 84 ·

영화 속의 프라하, 프라하 속의 영화
· 91 ·

한 편의 연극 같이 등장한 극작가 대통령 하벨
· 95 ·

카프카와 그의 정신적 고향 프라하
· 101 ·

이념에 묶여버린 천재성, 쿤데라
· 110 ·

가장 체코적인 작가 보후밀 흐라발
· 114 ·

……………………………

중세 학문의 메카 카렐 대학교 · 121

체코의 학교 교육 · 123

정확하고 합리적인 민족성 · 125

체코 교육의 아버지, 코멘스키 · 127

2부
역사와 문화의 중심지, 보헤미아

....

조금만 시선을 돌리면 나타나는 황홀경
· 132 ·

쿠트나 호라에서 떠나는 중세로의 시간 여행
· 137 ·

시대를 앞선 화가 에곤 실레의 도시
· 146 ·

유네스코 문화유산의 도시, 리토미슐
· 155 ·

교향시 〈나의 조국〉과 스메타나
· 158 ·

젖과 꿀이 흐르는 홀라쇼비체
· 163 ·

가톨릭 교인들의 순례의 성지, 젤레나 호라
· 167 ·

화려한 온천장과 카를로비바리
· 177 ·

카네이션의 향이 넘치는 클라토비와 수시체
· 188 ·

플젠 맥주 박물관 탐방기
· 196 ·

....

종교의 자유와 법 · 204
지방색, 지역감정 · 207

3부
도시마다 색다른 매력을 감춘 모라바와 슬레스코

....

예스러운 아름다움의 텔츠
· 212 ·

따뜻한 공동체를 느낄 수 있는 트르제비치
· 223 ·

모라바의 숨겨진 유럽
· 226 ·

천 년의 역사와 전통을 간직한 올로모우츠
· 235 ·

체코에서 보기 드문 굴뚝 마을
· 244 ·

산골짜기 시골의 정서가 물씬 풍기는 발라슈코
· 251 ·

체코에서 가장 아름다운 도시
· 257 ·

인간이 빚어낸 자연의 예술 작품, 레드니체 발티체
· 263 ·

....

축제와 축일 · 274
체코의 음식 · 279
'흐르는 빵' 맥주, '늙은이의 우유' 포도주 · 284

프라하 거리

벨베데르 궁전
Belveder Palać

흐라트차니
Hradčany

프라하 성
prazsky hrad

미쿨라시 성당
Sv. Mikuláše

말라 스트라나
Mala Strana

블타바 강 Vltava

요세포프
Josefov

카렐교
Karlův most

1부 음악과 문학의 숨결이 살아 있는 프라하

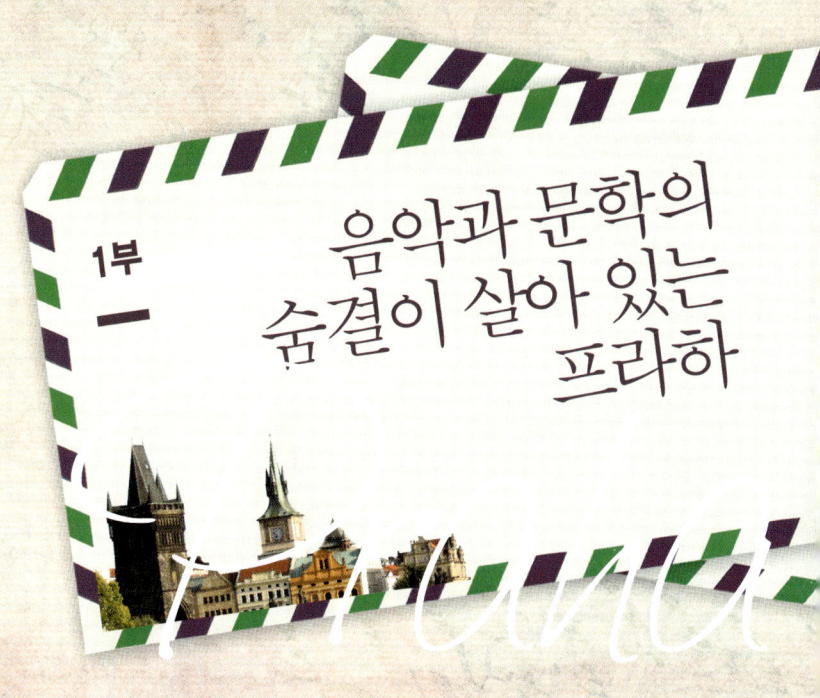

유럽 심장부의 보석, 모든 도시들의 어머니, 황금의 도시, 수많은 첨탑의 도시, 매혹의 도시, 악의 도시, 에로틱의 도시. 모두 체코공화국의 수도 프라하를 일컫는 말이다.

유럽의 심장,
전설과 역사의 도시

유럽 심장부의 보석, 모든 도시들의 어머니, 황금의 도시, 수많은 첨탑의 도시, 매혹의 도시, 악의 도시, 에로틱의 도시. 모두 체코공화국의 수도 프라하를 일컫는 말이다. 프라하Praha는 '문지방', '언덕', '불로써 숲을 태운다', '강물의 소용돌이' 등의 의미가 있다고 한다. 프라하에는 기원전 4세기 말에서 3세기 초에 켈트족이 살았던 흔적이 남아 있고, 구석기시대의 유적인 모라바니 비너스가 프라하 근교 베로운Beroun에서 발견되기도 했다. 그리스의 역사가 헤로도토스나 로마의 역사가 율리우스 카이사르 등에 의하면 켈트족들이 이곳의 정착민을 보이, 보이오하에뭄, 보헤미아라고 불렀고, 이것이 '보헤미아'의 유래가 되었다. 보헤미아란 말은 19세기 파리에서 체코 등 동유럽에서 온 떠돌이 또는 집시를 보헤미안이라고 부른 것과 혼동되기도 한다.

프르제미슬Přemysl 왕가(921~1306), 룩셈부르크Luxemburg 왕가(1306~1526), 합스부르크Habsburg 왕가(1526~1918)의 3대 왕조가 프라하의 역사를 이루어왔다. 프라하는 940~950년대에 독일 연대기 작가와 아랍 여행객들에 의해 무역이 활발한 곳이라고 기록되었다. 그러나 프르제미슬 통치하에서 프라하에 대한 기록을 최초로 남긴 국제적인 관찰자는 유대인으로, 스페인에서 아랍어로 기록한 이브라힘 이븐 야쿱Ibrahim ibn Ya'qub이다. 그의 기록에 의하면, 프라하에는 러시아

상인, 터키 상인, 모슬렘 족과 유대인들이 질 좋은 상품을 구입하러 올 만큼 음식물들이 풍부하고 값싼 도시였다. 그래서 프라하에는 골렘 전설 등 유대인에 얽힌 전설이 많다.

프라하는 블타바Vltava(독일어로는 몰다우Moldau) 강 유역에 위치하고 있다. 도시의 중심부에는 고딕에서 르네상스, 바로크, 로코코, 아르누보, 현대에 이르기까지 모든 건축 양식이 독특하게 혼재되어 있다.

유럽에서 가장 매력적인 관광·문화의 도시 프라하는 그 자체로 박물관 같은 분위기다. 체코 관광 산업에서 가장 중요한 것은 1000년

프라하 시를 가로지르는 블타바 강은 홍수가 자주 일어나서 피해 지역의 2미터 이후로 건물을 지었기 때문에 많은 건축물이 현재까지 보존되었다.

프라하를 대표하는 성 비트 성당은 1000년에 걸쳐 지어졌다.

의 건축사가 보존된 프라하와 유네스코가 지정한 열두 곳의 문화유적 도시다. 특히 프라하는 체코가 개방된 후로, 먹거리가 싸고 볼거리가 많아서 수많은 관광객이 찾곤 한다. 공산 정권이 무너지기 전 1988년에는 체코를 찾은 방문객이 400만 명에 불과했는데, 1994년 후로는 매년 1억 명이 이곳에 드나들고 있다. 체코 정부도 이러한 유산을 십분 활용하려고 국가적인 차원에서 노력하고 있다. 통계에 의하면, 2004년에 프라하는 로마, 뉴욕, 워싱턴, 몬트리올, 도쿄에 이어 세계에서 여섯 번째로 국제회의를 많이 개최하는 도시가 되었다고 한다.

언덕 위에서 위풍당당하게 도시를 바라보고 있는 프라하 성은 가장 눈에 띄는 건물이다. 현재는 체코공화국 대통령의 집무실로 사용되고 있지만, 과거에는 보헤미아 왕의 궁전이었다. 세 번째 궁전 안뜰에 위치하고 있는 고딕 양식의 성당 성 비트Sv. Vít는 체코에서 가장 중요한 성당이다. 성 아래쪽으로는 낭만적인 분위기의 말라 스트라나Malá Strana(소지구)가 펼쳐져 있다. 그리고 18세기에 모차르트가 연주했던 장소로 유명한, 인상적인 초록색 돔으로 덮인 성 미쿨라시Sv. Mikuláš 성당은 프라하 바로크 건축물 중에서도 뛰어난 보석이다.

유럽에서 가장 아름다운 돌다리이며 14세기 중세풍의 석조 건축물인 카렐교Karlův most를 통과하면 블타바 강둑 반대편으로 갈 수 있다. 카렐교 난간에 있는 동상들은 신의 은총을 기리기 위해 바로크시대에 만들어졌다. 구시가지의 중심인 구시가지 광장에는 세계적으로 유명한 천문시계가 있는 구시청 건물이 있다. 광장 주변에는 예전의 중산층 가옥과 저택 그리고 성직자 기념비들이 늘어서 있다.

그리고 구시가지 근처에는 한때 유대인 집단 거주 지역이

유대교 예배당 시너고그

었던 요세포프Josefov 지구가 있다. 여섯 개의 시너고그(유대교 예배당)와 수천 개의 비석이 있는 오래된 공동묘지는 유대인 집단 거주 지역의 중요한 역사적 유적이다. 프라하 유대인들의 주요 예배당인 '신구 시너고그'는 유럽에서 가장 오래된 유대인 예배당으로, 지금은 전 세계 유대인들이 메카가 되었다.

    14세기에 카렐 황제가 개발한 신시가지는 역사적인 지역으로, 체코의 수호성인인 성 바츨라프Sv. Vacláv의 이름을 딴 바츨라프 광장Vaclávské náměstí이 중심이다. 말을 탄 바츨라프 동상은 광장의 위쪽에 있다. 오늘날 이곳에는 아름다운 호텔, 상점, 극장과 공연장 등이 늘어서 있는데, 독재의 위기 때마다 자유와 민주주의를 외치던 광장이기도 하다. 환상적인 도시 장관을 볼 수 있는 곳이자 바로크 양식으로 지어진 비셰흐라트Vyšehrad 공원과 페트르진Petřín 언덕의 비탈길 역시 역사적인 지역이다. 이곳에는 누구에게나 개방된 전망대가 있는 지슈코프Žižkov 텔레비전 송신탑이 있다. 다양한 건축 형태를 가진 흐라트차니 성(프라하 성)은 왕족의 거주지가 되면서 개축을 거듭했다. 920년에는 보르지보이의 아들이 성 이르지Sv. Jiří에게 헌정하는 성당을 건설했으며, 보헤미아의 수호성인 바츨라프 대공이 거대한 성 비트 로툰다를 건설했다. 달마티아의 로마네스크 건축 양식으로, 오늘날 성 비트 성당 안에 있는 성 바츨라프 교회당 자리에 있다. 프라하에서 가장 귀중한 보물들이 보관되어 있어서, 관광객뿐만 아니라 체코 국민들도 일생에 한 번은 들르는 성스러운 곳이다.

    고대 전설에 따르면 비셰흐라트는 체코 건국 전설에 나오는 지혜

'프라하의 봄' 당시에 많은 시민들이 희생당했던 역사적인 장소이자,
현재 프라하 최대의 번화가인 바츨라프 광장.

로운 공주 리부셰Libuše가 프라하라는 도시에 다가올 영광을 예견했던 곳이다. 고대 연대기에서는 비셰흐라트가 프라하 성보다 먼저 요새가 되었다고 하지만, 고고학자들은 프라하 성보다 60~70년 후에 세속적, 종교적인 요새가 되었다고 말한다. 브라티슬라프 왕 (1061~1092)은 프르제미슬 거주지에서 비셰흐라트로 천도하여 왕궁, 로마네스크 양식인 성 마르틴 로툰다와 성 페트르와 파벨 성당(나중에 고딕 양식으로 재건함)을 건설했다. 그러나 소베슬라프Soběslav(1125~1140)가 프라하 성으로 이주한 후로 비셰흐라트는 황폐화되었다. 나중에 카렐 4세가 과거의 영광에 대한 존경을 표시하기 위해 비셰흐라트를 재건했다. 지금은 성당 옆에 국립묘지가 세워져서, 체코의 유명한 작가, 작곡가, 배우 등 문화적인 인물들이 묻혀 있다. 이곳은 체코인들의 영혼이 깃든 곳이라 일반 시민들이 늘 꽃다발을 바친다. 위대한 체코인들의 삶을 돌이켜 보며 산책하기에 좋은 정원 묘지다. 폐허가 된 비셰흐라트 강 언덕에서 프라하 성과 블타바 강을 바라보면 장관이다. 독일 라인 강의 로렐라이 언덕보다도 볼거리와 전설이 많은 곳이기도 하다.

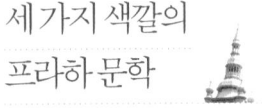

세 가지 색깔의 프라하 문학

카프카가 살았던 곳을 보고 나서야 그의 문학 속에 등장하는 불가사의한 인물들을 이해하게 되었다고 어느 프랑스 연구자는 말했다. 문학의 무대가 되는 공간은 인간이 추구하려는 이상과 꿈 그리고 의식의 실체를 나타나는 세계다. 그러므로 작가가 살았던 장소를 살펴보는 것은 작가의 작품을 이해하는 데 중요하다.

프란츠 카프카

초현실적이고 형이상학적인 『변신』, 『성』 등으로 잘 알려진 유대인 프란츠 카프카Franz Kafka, 반전 유머 소설인 『착한 병사 슈베이크』로 세계적인 명성을 얻었고 세속적이며 괴짜였으며 한때 체코 공산주의자였던 야로슬라프 하셰크Jaroslav Hašek, 그리고 그와는 반대로 지적이고 민주적이며 합리적인 입장을 취했던 카렐 차페크Karel Čapek는 가장 대표적인 프라하 출신 작가들이다. 하셰크의 작품에 나타난 반전사상과 유머, 카프카의 작품에 나타난 인간 실존의 문제와 유대인 문제, 철학 소설의 선구자인 차페크의 작품에 나타난 인본주의와 실용주의는 프라하를 중심으로 한 세 민족의 복합적인 문화의 특징을 잘 드러낸다.

유대인들은 카프카의 천재성을 사랑했고, 독일인들은 하셰크의 유머를 즐겼으며, 차페크는 체코인들과 유럽인들에게 절대적인 지지를 얻었다. 당시 카프카는 체코인들보다는 유대계 신문 기자들과 교수들에 의해 세상에 알려졌다. 하셰크가 체코슬로바키아와 독일에서 유명했던 반면, 차페크는 국내뿐만 아니라 해외에서도 유명세를 떨쳤다. 차페크는 그의 형 요셉과 함께 '로봇'이란 단어를 만들어냈고, 공상 과학 소설과 드라마를 통해 인류의 미래를 내다보았다. 특히, 체코인들은 그의 철학 3부작인 『호르두발』, 『별똥별』, 『평범한 인생』을 가장 사랑한다.

아주 대조적인 두 작가 카프카와 하세크의 문학 활동은 프라하라는 분위기와 밀접하게 연결되어 있다. 피들러Fidler가 지적하듯이, 그들이 창작을 위해 선택한 언어가 달랐던 것처럼 정치적 입장도 다르지만(하세크는 반유대주의적이고, 카프카는 유대인이다), 그들이 묘사했던 프라하, 더 나아가 세상의 부조리함은 같다.

프라하를 방문하는 지식인들은 누구나 한 번쯤은 선술집 '우 칼리하U Kalicha'에 들른다. 체코의 분위기가 물씬 풍기는 이곳은 『착한 병사 슈베이크』의 배경으로, 체코인을 이해하려면 하세크와 주인공 슈베이크를 이해해야 한다는 말이 있을 정도다. 하세크는 프라하 선술집과 불가분의 관계로, 프라하 선술집 모티프는 후세 체코 작가들의 작품에 등장하지만 그중에서도 흐라발이 애용했다. 막스 브로트는 "하세크가 가장 높은 수준의 해학 작가"라며, "시간이 지나면 세르반테스와 라블레와 같은 위치에 놓이게 될 것이다"라고 논평하기도 했다. 또한 하

우 칼리하는 소설 속 등장인물의 이름을 딴 메뉴를 제공한다.

세크는 군대 욕설, 야비한 말투, 관료적인 언어 등 은어를 풍부하게 썼고, 프라하 독일어, 오스트리아 독일어, 헝가리어, 폴란드어를 사용했으며, 온갖 계층의 언어를 패러디했다. 무엇보다도 군국주의를 풍자했기 때문에, 그가 죽은 후 히틀러는 독일어 번역판을 모두 불살라버렸을 정도였다.

이와 달리, 차페크의 소설 속 무대는 프라하 거리, 극장, 관공서, 우체국 등 일상생활에서 우리들이 다니는 장소다. 그런 면에서 차페크는 가장 전형적인 프라하 작가라고 할 수 있다. 그의 소설 속 배경은 언제나 프라하와 연관이 있다. 그는 프라하의 삶과 모티프를 저널리즘적인 시각에서 많이 다루었고, 동시대의 극작가 겸 작가인 프란티세크 랑게르와 마찬가지로 실용주의 노선으로 시작했다. 이는 당시에 민주주의와 자유의 신조였으며, 중앙집권적 차르와 군국주의에 반대했던 체코공화국의 민주주의 정신을 드러낸 것이었다. 그의 작품 『마크로풀로스의 비밀Věc Mkropulos』은 야나체크가 오페라로 만들어 대단한 인기를 얻었다. 뮌헨협정의 체결로 조국이 풍전등화의 위기에 빠진 1938년 크리스마스에 차페크는 48세의 나이로 요절했다. 형 요셉은 나치의 침공이 임박하자 주위에서 유럽으로 피신할 것을 권했으나, 프라하에 머물기를 고집했다. 동생이 묻혀 있는 프라하를 차마 떠날 수 없었던 것이다. 나치는 프라하를 점령하자마자 차페크가 죽은 줄도 모르고 그를 체포하려 했고, 요셉은 결국 나치에 의해 수용소에서 일생을 마감했다.

이외에도 유내세 작가로는 카렐 폴라제크, 이반 클리마, 아르노

슈트 루스티그, 프란티세크 랑게르와 이르지 랑게르 형제, 막스 브로트 등이 있으며, 체코계 작가로는 라디슬라프 푹스Ladislav Fuks, 슈크보레츠키 등이 있다. 독일계 작가로는 릴케, 베르펠, 우르치딜, 키슈, 레핀, 마이링크 등이 있다.

유대계 랑게르 형제는 모두 체코어와 히브리어를 구사할 수 있었다. 그러나 프란티세크 랑게르는 체코어로 작품을 썼던 반면, 이르지 랑게르는 체코어, 독일어, 히브리어와 이디시어Yiddish 등으로 작품을 집필했다. 이들과 가까운 친구였던 유대계 작가 푸흐스Fuchs, (1892~1941)는 이르지와 함께 유대교 신비주의에 심취했지만, 나중에 기독교 신비주의에 빠져 기독교로 개종했다. 그의 소설『제단과 인쇄기』에는 이러한 자전적 요소가 담겨 있다. 푸흐스는 가톨릭에 공헌하여 바티칸으로부터 훈장도 받았으나, 나치가 프라하를 점령하면서 수용소에서 생을 마감했다. 랑게르 형제와 푸흐스는 프라하의 체코인, 독일인, 유대인들이 공존했던 전형적인 모습을 보여준다.

1960년대 전반기의 자유로운 분위기에서 라디슬라프 푹스는 프라하 유대인을 주제로 한 작품을 썼다. 유대인들의 생활과 고통에 대한 이해와 동정심은 나치 점령 시기에 겪은 개인적인 경험에서 비롯된 것이다. 전쟁 때 그는 많은 유대인 친구들을 잃었다. 푹스의 작품들은 심리적이며, 공포스러운 장면이 많고, 예기치 못한 반전이 숨어 있다. 이반 클리마, 아르노슈트 루스티그, 이르지 바일Jiří Weil(1900~1959) 같은 체코의 유대인 작가들과 동시대인이다. 비평가 겸 작가인 필립 로스는 바일이 1930년대와 2차 세계대전 직후의 체코에서 가장 위대한 작가이며, 러시아의 이삭 바벨과 견줄 수 있다고 평했다. 바일은 밀란 쿤데라, 다닐로 키슈Danilo Kiš, 이르지 그루샤Jiří Gruša 등 체코와 동유럽 작가들에게 큰 영향을 미쳤는데, 모든 작품이 프라하의 유대인과 수용소 경험을 다룬다.

독일어로 작품을 집필했던 에곤 키슈와 체코어로 집필했던 카렐 폴라체크는 각각 다른 언어로 작품을 저술했지만, 범죄와 재판장 분위기를 작품 속에서 완벽하게 묘사했다. 이들은 프라하의 변화무쌍함과 지하세계와 도시 소시민의 일상생활을 잘 그려냈다.

삶과 예술, 고독, 사랑 등의 문제를 다룬『젊은 시인에게 보내는 편지』라는 작품으로 오스트리아 최고의 시인으로 잘 알려진 릴케는 카프카나 베르펠처럼 프라하가 고향이었지만, 체코 민족의 수도에 있는 독일인 게토에 산다는 의식에 사로잡혀 있었다. 릴케는 여러 작품을 통해 프라하에 대한 사랑과 고독, 미움 등을 승화시켰다. 그러나 프라하를 영원히 잊지 못하면서도 사랑보다는 미움의 감정이 더 깊었다. 릴케는 젊은 시절에 사랑의 편지를 주고받았던 발레리를 통해 체코인들을 알게 되었는데, 발레리는 유명한 체코 시인이자 작가이며 여행가였던 율리우스 제이어Julius Zeyer가 가장 사랑한 처 질녀였다. 릴케는 발레리의 집에서 제이어를 만난 이후 큰 영향을 받았고 시인으로 성장했다.

베르펠은 일찍이 프라하를 떠나 유럽을 거쳐 미국으로 망명했지만, 프라하는 민족적, 종교적 게토로서 늘 의식 속에 잠재해 있었다. 그래서 그의 작품에는 늘 프라하가 등상한다. "프란즈 베르펠은 프라하 출신이다. 그의 작품들이 직접적으로 프라하를 지칭하지는 않지만, 그의 작품들은 프라하와 체코 정신에 의해 특징지어진다"라고 파벨 아이스너는 강조한다.

시온주의자 작가들이 대부분 독일어로 작품 활동을 했던 반면, 카렐 코디체크Karel Kodíček는 체코어로 작품 활동을 하며 체코 문화에 완전히 동화되었다. 그는 프란티세크 랑게르와 카렐 폴라체크와 함께 매주 금요일 차페크의 집에서 열린 문학 살롱의 단골손님이었다. 코디체크는 뛰어난 문예 비평가였으며,《트리뷰나》지의 편집인이었고, 비노흐라트 극장의 연출가였다. 그는 전쟁 동안에 BBC 체코어 방송, 체코 공산주의 시대에는 뮌헨에서《자유 유럽 라디오》의 편집장을 역임했다.

파벨 아이스너Pavel Eisner와 얀 우르치딜Jan-Johannes Urzidil도 프라하의 체코, 독일, 유대 합동 문화의 산물이다. 아이스너는 독일 유대계 가정에서 태어났지만, 체코어를 익혀서 체코 문화를 깊이 있게 통찰하여 작품 속에 반영했다. 체코어에 대한 지극한 사랑을 보여주었던 그는 누구보다도 독일과 체코 문화의 융합과 화합을 강조했다. 우르치딜은 유대계 체코 어머니와 독일어로 이야기를 나누었고, 아버지는 체코 성을 지녔다. 그는『프라하 트리프티흐Prague Tryptych』를 독일어로 썼고, 카페 아르코Arco를 중심으로 한 프라하 서클(시인들과 작가들이 정기적으로 모임을 가졌다)의 분위기를 작품 속에 잘 반영했다. 또한『여기 카프카가 온다』와『유괴와 다른 일곱 가지 사건들』에서도 카프카를 주요 인물로 다루었다.

이렇듯 프라하는 체코, 독일 그리고 유대의 문화가 함께 자라고 발전한 중심지로, 세 민족의 문화가 오랫동안 공존해왔다. 프라하는 독일계와 유대계 작가들에게 고향이면서도 때로는 정을 붙일 수 없는 이국적인 분위기를 풍기기도 했다. 그들은 때때로 서로 충돌하고 상호 대립하면서도, 이해하고 협력하면서 독특한 문화를 만들었다.

유대인들의 슬픔을 묻은 요세포프

프라하에서는 독특한 제복에 까맣고 둥근 모자를 쓰고 안경을 쓴 유대인들을 만날 수 있다. 그들은 상당히 지적이고 선택된 민족이라고 믿으며 민족의 우월성을 자랑스러워한다. 미국 사립대학의 유능한 교수의 70퍼센트가 유대계라는 말이 있을 정도다. 세계적으로 학문과 예술 분야에서 유대인들이 이룩한 공헌은 위대하다. 유대인 유적지를 걸으며 유대인 수난사를 듣거나 유대인들의 음악회나 시너고그에 가보면, 이들이 얼마나 경건한지, 얼마나 예술을 사랑하는지 알 수 있다. 프라하 구시가지 중심에 있는 유대인 지구를 방문하면 해마다 색다른 문화 이벤트를 즐길 수 있다.

유대인들이 언제부터 체코에 거주하게 되었는지에 대한 정확한 기록은 없다. 그러나 965년 유대 상인 이브라힘 이븐 야쿱이 프라하를 묘사한 기록이 남아 있는 것으로 보아 9세기에서 10세기 사이에 지금의 체코에 유대인들이 정착한 것으로 보인다. 로마 당국에 예수를 고발하고 사형당하게 한 죄로 가나안에서 쫓겨나 전 세계로 흩어지게 되었으니, 그전부터 살았을 수도 있다.

유대 상인들은 동메디나에서 독일과 터키, 키예프 루시(지금의 우크라이나)를 왕래하면서 교역했던 것으로 보인다. 프라하 성 밑이나 비세흐라트 성 밑에 거주했으며, 말라 스트라나와 구시가지 사이 그리고 구시가지 광장 북쪽에 공동체를 세웠는데, 시장과 멀리 떨어져 있지 않고 블타바 강을 건너는 길목이어서 장사하기에 아주 좋은 위치였다. 유대인들은 프랑크 상인이나 색슨, 폴란드 상인과 동등한 대접을 받았고, 기독교도들과의 마찰도 없었다.

그러나 1096년에 독일 십자군이 조직되어 삭소니를 시작으로 마그데부르크와 프라하의 유대인을 학살하기 시작하면서 고난의 역사가 시작되었다. 독일 십자군은 유대인들이 예수의 처형에 책임이 있다고 주장하면서, 멀리 있는 무슬림보다는 가까이에 있는 이교도들을 개종시키거나 죽여야 한다고 주장했다. 그 후로 유럽에 반유대주의 정서가 생겨났고, 유대인들은 사회의 주변으로 밀려나 조직적으로 차별받는 대상이 되었다.

교황은 1215년 라테란공의회를 통해 유대인들의 경제적, 사회적 영향력을 제한하려 했으나, 당시 교황의 영향권이 아니었던 체코의 프르제미슬 왕가에서는 교황의 결정에 따르지 않았다. 1254년, 위대한 군주 오타카르 2세는 유대인들에게 자유와 여러 가지 권리를 보장하는 법령을 공포했다. 그 대신 유대인들은 여러 가지 의무와 강제 조항을 준수해야 했다. 거주지는 구시가로 제한되었는데, 생활공간이 줄어든 반면 결속력은 더욱 강해졌고 더 많은 경제적인 부를 축적했다. 1375년, 카렐 4세는 유대인들을 보호하기로 약속하고 새로 건설한 신시가지에서 살 수 있도록 허가했으며, 유대인 공동체를 알리는 깃발을 수여해 이들의 거주지를 보장했다.

그러나 유대인들을 차별하고 반대하려는 움직임은 계속 나타났다. 1551년, 페르디난트 1세는 모든 유대인들의 옷에 표식을 달도록 하여 기독교인들과 구별했으며, 1557년에는 프라하뿐만 아니라 전 체코 땅에서 유대인들을 추방하는 명령을 내렸다. 그러다가 막시밀리안 2세는 유대인 추방 명령을 철회하고 유대인들의 특권을 부활시켰다. 루돌프와 페르디난트 2세도 유대인들에게 비교적 우호적이어서 유대인들의 활동을 제약하던 여러 가지 조항을 폐지하고 유대인들이 다른 상인들과 경쟁할 수 있도록 했다.

17세기 말, 요셉 1세와 카렐 6세는 게토를 정비해서 입구에 검문소를 설치하고 유대인 거주지의

유대인 지구 요세포프로 들어가는 입구

규모를 제한했다. 요세포프Josefov(요셉 황제의 유대인 보호 구역)는 이때 형성되었다. 특히 카렐 6세는 '가족법'을 도입해서 유대인들의 증가를 철저히 통제했다. 이 법에 따라 유대인 가정에서는 자녀 중 한 명만이 결혼해서 독립할 수 있었는데, 100년간 지속되었던 가족법에 따라 유대인들은 사회적 지위가 떨어졌고 인구도 정체되었다.

카렐 6세에 이어 즉위한 마리아 테레지아 역시 유대인들에게 적대적이어서 프라하의 유대인들을 대부분 추방했다. 뒤이은 요세프 2세는 개혁 정책을 통해 유대인들에게 어느 정도 관용을 베풀었다. 당시 유럽 대부분의 국가에서는 법적으로 완벽한 시민권을 보장했지만, 오스트리아제국에서 유대인은 여전히 시민이 아닌 관용의 대상일 뿐이었다.

19세기 초반에 유대인 엘리트가 성장하고 산업과 교역을 차지하면서, 1844년에 프라하에서 반유대인 폭동이 발생했다. 1848년에 다시 반유대인 폭동이 발생했는데, 유대인 보호를 위해 군대를 동원할 정도로 그 규모가 컸다.

1849년에는 가족법이 폐지되었고, 1851년에는 게토의 벽이 허물어졌으며, 1867년에 가서는 유대인들도 시민으로서 완전한 권리가 보장되었다. 유대인들은 자유롭게 이주할 수 있었고 그에 따라 요세포프의 인구가 줄어들고 규모도 축소되었다. 1893년에는 빈민가 철거법으로 요세포프에서 더 이상 거주할 수 없게 되었다.

1918년, 오스트리아의 지배에서 벗어나 체코가 독립했을 때도 반유대주의 정서는 완전히 사라지지 않았다. 체코의 초대 대통령 마사

릭은 유대인과 집시 차별법을 철폐했지만, 일반인들에 의한 유대인들의 피해 사례는 종종 일어났다. 2차 세계대전이 시작되면서 유대인들은 최대의 위기를 맞았다. 독일은 체코를 점령하자마자 반유대법을 도입해서 유대인의 시민권을 박탈하고 재산을 몰수했다. 1941~1945년에는 약 4만 명의 유대인들이 체코의 테

영화 〈쉰들러 리스트〉의 니암 리슨

레진 수용소, 폴란드의 아우슈비츠 수용소로 끌려가 죽음을 당했다. 영화 〈쉰들러 리스트〉는 폴란드 아우슈비츠에서 죽음을 기다리는 유대인들을 쉰들러가 고향 땅인 체코의 모라바 지방의 공장으로 데리고 간 후 종전이 되어 죽음을 모면한 역사적인 사건을 근거로 하고 있다.

1948년 이스라엘이 건국되면서 전쟁에서 살아남은 수천 명의 유대인들이 체코를 떠나 이스라엘로 이주했고, 1968년에서 1969년 사이에는 남아 있던 유대인들 대부분이 체코를 떠났다.

현재 요세포프는 시너고그와 유대인 공동묘지, 유대인 기념 가게, 유대인 박물관, 식당 등으로 구성되어 있으며, 세계 유대인들의 메카가 되었다. 체코에 거주하고 있는 유대인의 수는 200여 명에 불과하지만, 유대인의 순례지라 할 수 있는 유대인 공동묘지가 있는 요세포프를 방문하는 유대인의 수는 해마다 수백만 명에 이를 정도다. 체코의 역사 이래 체코인, 독일인, 유내인의 기묘한 동거는 계속

이어지고 있는 셈이다. 아이러니컬하게도 히틀러는 유대인을 학살하면서 이 지구상에 유대인들이 살았다는 흔적을 남기기 위해 프라하의 유대인 지구는 파괴하지 않았다고 한다. 프라하 유대인 지구는 그 덕분에 많은 유대인 유적지와 박물관을 보유하고 있어서 현재 유대인 메카로서 관광 수입을 올리고 있다. 역사의 아이러니가 아닐 수 없다.

유대인 공동묘지는 한때 번영을 누렸던 프라하 유대인의 삶을 되새기게 하는 슬픈 기념물로 남아 있다.

진흙으로 빚은 인간, 골렘의 전설

중세의 보고를 간직하고 있는 프라하는 수많은 전설로 가득 차 있다. 그 중에서도 늦가을의 짙은 안개 속에서 프라하 거리를 걷다 보면, 프라하와 가장 잘 어울릴 듯한 전설은 골렘Golem인 듯하다. 골렘 전설쯤은 알고 있어야 프라하에서 파티에 초대받거나 선술집에서 유대인 친구를 사귈 수 있다.

프라하 곳곳에서 골렘의 모습을 볼 수 있다.

골렘 전설은 이야기를 지어내기 좋아하는 체코인들의 기질에 딱 어울린다. 체코 및 유럽인들은 오래전부터 인조인간에 대한 꿈을 꾸었다. 프랑켄슈타인, 차페크의 로봇 이야기, 프라하 유대인들의 전설 속에 나오는 골렘 등은 읽는 이를 황홀경에 젖게 한다. 유대인이 사는 곳이라면 비슷한 전설이 있는데, 그 중 프라하의 골렘 전설이 압권이다. 체코에서는 식당이나 서비스 대행업체, 경비업체 등에 골렘이라는 이름이 많이 붙는데, 기골이 장대한 골렘이 아무 불평 없이 시키는 대로 일한다는 점에서 착안한 것이다. 그러나 덩치 크고 우둔한 이를 지칭하기도 한다.

중세부터 구전되던 전설에 따르면, 골렘은 유내인 랍비 뢰브Löeb,

Jehuda Jöwe ben Bezalel(1512~1609)가 진흙을 사람처럼 빚어서 생명을 불어넣어 만들었다고 한다. 뢰브는 힘들게 일하는 사람들을 불쌍히 여겼고, 특히 기독교도들로부터 갖은 폭력에 시달리는 유대인들을 돕기 위해 인조인간을 만들기로 했다. 뢰브는 유대인 시너고그에 보관되어 있던 비밀스러운 서적을 연구하여 골렘 만드는 법을 알아냈다. 골렘이라는 말은 히브리어 겔렘gelem(물건의 재료) 혹은 갈미gal'mi(형질이 이루어지기 전의 상태, 『시편』 139장 16절)에서 유래된 것으로 보인다.

뢰브는 나뭇가지를 잘라 몸체로 삼고 넝마 조각을 둘둘 말아서 머리를 만든 후 블타바 강변의 찰흙을 바르고 주문을 외웠다. 그러자 불타오르듯 빨갛게 변하더니 머리와 팔, 다리가 생겨났다. 뢰브는 골렘에게 생명을 불어넣고 하인 옷을 입혀서 유대인들을 돕고 보호하라고 명령했다. 골렘은 사람들을 대신해서 일했고, 어둑해지면 프라하의 뒷골목을 돌아다니며 유대인들을 보호하고 유대인 공동 거주 지역인 게토의 경비를 맡았다. 그러나 골렘이 점차 포악해지자 랍비 뢰브는 골렘의 생명을 뺏고 신구시너고그 서까래 밑 고미다락에 숨겼다고 한다. 2차 세계대전 때 어린 독일 병사들이 유대인들의 골렘 전설을 믿고 실제로 서까래 밑으로 올라갔다가, 원인도 모르는 시체로 발견되었다고 한다. 프라하의 골렘 전설은 원래 예배 의식의 경이로움을 설명하기 위해 기록된 것으로, 프라하의 구시너고그에 보관되어 있다.

골렘 전설은 당시 프라하에 살고 있던 유대인들의 비참한 상황을 배경으로 생겨났다. 당시 유대인들은 차별에 시달리며 게토에서 생활했는데, 16세기에 들어와 더욱 심해진 반유대주의로 유대인들이 유월절 무교병(기원전 13세기에 이스라엘 사람들의 조상이 이집트에서 탈출한 것을 기념하며 유대인의 축제일에 먹는 누룩이나 발효제가 없는 빵떡)을 만드는 데 기독교도 어린아이의 피를 사용한다는 유언비어가 돌면서 기독교도들은 무차별적으로 유대인들에게 폭력을 가했다. 이런 상황에서 유대인들은 기독교도들의 폭력에서 자신을 지켜줄 힘센 보호자가 필요했고, 그것이 곧 골렘이라는 전설로 나타났다.

"랍비 뢰브의 골렘은 일주일 내내 아무 말 없이 주인이 시키는 대로 집안일을 하였지만, 안식일에는 다른 피조물들처럼 휴식을 취해야만 했다. 그래서 랍비는 금요일만 되면 그의 머리에서 맥을 뽑아냈다. 그러면 골렘은 다시 진흙으로 변해버렸다. 어느 금요일, 랍비는 그것을 잊어버렸다. 금요일 저녁에 예배를 보기 위해 사람들이 사원에 모였다. 그때 갑자기 골렘이 날뛰면서 무시무시한 힘으로 예배당과 주변의 집들을 흔들기 시작했다. 모든 것을 부수어버릴 듯했다. 겁을 집어먹은 사람들은 황급히 랍비 뢰브에게 달려가 이를 알렸다. 랍비는 날뛰는 골렘에게 달려들어 맥을 뽑아냈다. 그러자 골렘은 우수수 부서지며 흙으로 변해버렸다. 사람들은 안식일 찬송가를 두 번이나 불렀다. 그 이후 이것은 구예배당파의 관습으로 남게 되었다. 랍비 뢰브는 더 이상 골렘에게 생명을 불어넣지 않았다. 골렘의 잔해는 아직도 구 시너고그의 천장 서까래 밑 고미다락에 보관되어 있다고 한디."

구스타프 마이링크

프라하의 골렘 전설은 19세기에 여러 차례 소개되면서 널리 알려졌다. 그 중에서도 『시프림Sippurim』이라는 유대인 민담집에 소개된 전설이 가장 유명하다.

골렘에 관한 이야기는 20세기에 들어와서 소설이나 영화, 음악 등의 주제로 사용되기도 했는데, 프라하의 독일계 유대인인 구스타프 마이링크G. Meyrink의 소설 『골렘』과 프리츠M. Frič의 영화가 유명하며, 최근에는 존 캐스건J. Casgun이 골렘을 주제로 한 오페라를 작곡해 주목을 끌었다.

1914년과 1920년에 독일에서 제작된 영화 〈골렘〉 역시 프라하의 골렘 전설에 기초하고 있으나, 반유대주의적인 해석을 통해 골렘을 광폭한 괴물로 그리고 있다. 골렘은 또한 셸리Mary Shelly의 소설 『프랑켄슈타인』의 모델이 되기도 했으며, 톨킨J. R. R. Tolkien의 소설 『반지의 제왕』에 나오는 '골룸'이라는 캐릭터도 이것에서 유래한 것으로 보인다.

최근 프라하의 스타보프스케 극장에서 마이링크의 소설을 기초로 한 〈이부르 혹은 프라하의 미스터리〉라는 현대 무용극이 상연되었다. 극 중에서 체코인들은 독일인들과 유대인들이 공존하는 19세기 프라하의 안개 낀 새벽을 두려워한다. 골렘이 나타나서 자신들을 위협할지 모르기 때문이다. 그렇지만 골렘은 사람들의 마음속에 남아 있을 뿐이다. 체코인들은 이미 수백 년 동안 유대인들을 차별해

왔고, 죽음으로 몰아넣기도 했다. 따라서 체코인들의 마음 한구석에는 유대인을 보호하는 골렘에게 보복당할 수 있다는 두려움이 남아 있는지도 모른다.

2차 세계대전 당시의 나치 병사를 제외하고, 아직까지 프라하에서 골렘을 봤다거나 그에게 공격당했다는 사람은 없다. 다만 골렘의 모양을 한 인형이나 골렘 전설을 광고하는 각종 포스터가 프라하의 담벼락에 가득할 뿐이다. 아직도 프라하의 어딘가에 잠들어 있다는 골렘에 관한 전설은 어둡고 한적한 밤길에서 마주칠 수 있는 골렘을 두려워하는 사람들에게는 여전히 공포의 대상으로 남아 있다.

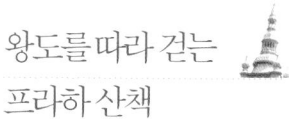

왕도를 따라 걷는 프라하 산책

〈아마데우스〉의 배경이 된 스트라호프 수도원

페트르진 산 중턱에는 체코 문학 박물관이 있는 스트라호프 Strahov 수도원이 있다. 수도원은 바로크 양식이지만, 로마네스크 시대의 유물 또한 잘 보존되어 있다. 고딕 양식과 바로크 양식이 어우러진 수도원의 신학 종교관에는 800여 년 된 유명한 도서관이 있다. 철학관 천장의 〈진실을 알기 위한 인간의 투쟁〉이라는 프레스코화는 이곳의 백미다. 성모마리아 승천 교회당은 12세기 로마네스크 양식이 기본을 이루지만, 르네상스와 바로크 스타일로 다시 지어졌다.

스트라호프 수도원 입구

성 보르실라Vorsila 예배당의 중앙 제대 위에는 성 노르베르트Sv. Norbert의 유물이 놓여 있다.

체코슬로바키아 공산 정권에 무너지고 나서 1990년 7월에 문학 박물관에서 본 체코 초현실주의 그림 전시회와 고문서 전시회는 영원히 잊지 못할 추억이다.

수도원의 정문은 바로크풍으로, 입구에는 프리몬스트라텐시안 교단의 창시자인 성 노르베르트의 흉상이 장식되어 있다. 정문 뒤에는 17세기 초의 고딕과 르네상스 양식이 잘 조화된 성 로흐Roch 예배당이 있는데, 오늘날 전시홀로 사용되고 있다.

수도원은 모차르트의 생애를 다룬 체코의 위대한 감독 밀로슈 포르만의 영화 〈아마데우스〉의 배경이기도 하다. 성당에는 모차르트가 연주했다는 바로크 양식의 오르간이 있다. 수도원 앞 정원에는 프라하 시내를 한눈에 볼 수 있는 전망 좋은 레스토랑도 있다.

비극적인 역사의 증인, 체르닌 궁전

2005년도 프라하 외무성의 초청으로 체코 문화를 빛낸 인물에게 수여하는 훈장 아지타 크라티우스 상을 받았다. 당시 전 미국 국무장관이었던 올브라흐트 여사, 캄보디아 시아누쿠 국왕, 로마체코인 추기경 등과 함께 상을 받는 영광을 누렸기 때문에, 이 궁전은 늘 마음에 자리하고 있다. 아쉽게도 시상식에는 올브라흐드 여사가 사정

베니스의 메디치가의 저택과 유사하게 설계된 체르닌 궁전은 프라하 성 다음가는 규모를 자랑한다. 현재는 외무부 청사로 사용되고 있다.

상 불참하고 시아누크 국왕 대신에 누이동생인 공주가 참석했지만 말이다.

 1668년에 베니스 주재 제국 대사인 쿠데니스의 체르닌 백작을 위해 지어진 체르닌 궁전은 길이가 150미터나 된다. 프라하에서 단일 건물로는 프라하 성 다음으로 규모가 크다. 1742년에는 프랑스에 의해 약탈당했으며, 1757년 프러시아의 폭파 당시에도 크게 손상을 입었다. 그러다가 체코슬로바키아가 탄생한 후 궁전은 본 모습을 되찾았으며, 그때부터 외무부 청사로 사용되었다. 1948년 사회주의혁명이 일어난 후, 체코슬로바키아의 초대 대통령 토마스 마사리크의 아들인 얀 마사리크가 궁전의 맨 위층 창문에서 떨어져 사망하는 프라하 제3창문투척사건이 일어났다. 그는 그 당시 정부에서 유일한 비사회주의자로 국민들로부터 좋은 평판을 얻고 있었는데, 정치적인 이유로 떠밀린 것인지, 스스로 뛰어내린 것인지는 끝내 밝혀지지 않았지만, 오늘날까지도 많은 사람들이 그를 애도하고 있다.

프라하의 대표적 순례지, 로레타 성당

외무부 청사 체르닌 궁전의 맞은편에 있는데, 18세기 로프코비츠 Lobkowitz 가문의 카테르지나 Kateřina 부인이 이탈리아 로레토 마을의 '산타 카사의 전설'을 기려 만든 바로크 양식의 성당이다. 전설에 의하면, 나자렛에 살고 있던 성모마리아와 아기 예수의 집(산타 카사)이 이교도들의 위협을 받았고, 천사들이 이탈리아의 앙코나 Ancona 근처에 있는 로레토로 집을 옮겼는데, 이곳에서 동정녀 마리아가 천사장 가브리엘을 통해 예수 잉태의 계시를 받았다. 로레타 성당은 산타 카사를 본떠 만들었고, 지금은 중요한 순례지가 되어 가톨릭 신자들이 많이 찾는다.

로레타 성당은 27개의 종

로레타 성당은 구교도와 신교도의 대립이 계속되면서 구교도의 승리를 기원하는 뜻에서 세웠다고 한다.

을 울리며 연출하는 〈명종곡〉으로 유명하다. 말라 스트라나의 시민이었던 에베르하르트Eberhard가 네덜란드에서 성당의 종을 구입하기 위해 돈을 모금했고, 구시가지의 시계공인 페트르 노이만Petr Neuman이 메커니즘을 고안했다고 한다. 매 시간 종을 칠 때마다 멜로디가 울린다. 로레타의 보물 중에서도 성체현시대는 체코 전역에서 가장 값진 보석으로 장식되었다.

흐라트차니 광장

유럽 어느 도시에서든 도시 중심에 있는 광장을 찾으면 도시를 알 수 있다. 프라하에도 여러 광장이 있지만, 프라하 성 앞의 흐라트차니 광장이 가장 유명하다. 9세기부터 발달하기 시작한 광장은 프라하 언덕 위에 넓게 펼쳐져 있으며, 광장을 중심으로 프라하 시의 주요 건물들과 볼거리들이 많다. 매일 이곳에서 벌어지는 거리 음악회나 정문 교대식은 볼만하다.

절대 놓치지 말아야 할 명소, 프라하 성

아주 옛날에 체코 공국에는 세 딸이 있었는데, 그 중 셋째 딸 리부셰는 예언 능력이 있었다. 어느 날, 리부셰가 어딘가를 가리키며 "저곳에 가면 한 농부가 성을 짓고 있을 텐데, 도끼로 문지방을 찍고 있을 것이다"라고 예언했다. 과연 그 말은 사실이었고, 왕은 그 자리에 자신의 성을 지었다. 그래서 '문지방'을 뜻하는 프라하라는 이름이 붙었다고 한다.

9세기 말부터 건설되기 시작한 프라하 성은 여러 양식이 더해지면서
더욱 정교해지다가 18세기 말에야 완성되었다.

프라하 성에 갔다면 흐라트차니 성과 정문 위병 교대식, 왕궁 미술관, 보물관, 국립미술관, 성 비트 성당을 꼭 둘러봐야 한다. 성당에는 역대 왕의 무덤이 안치되어 있다. 성 이르지 수도원 미술관에서는 14세기부터 바로크 시대까지 체코 미술의 보고를 즐길 수 있다.

로마네스크 교회 양식의 웅장한 정면을 자랑하는 성 이르지 수도원은 비셰흐라트의 성 마르틴 교회와 더불어 프라하 건축의 시작이다.

16세기 중엽에 현재의 모습을 갖추게 된 본 궁전 외에도, 얼마 전까지도 대통령이 머물렀던 르네상스 바로크 양식의 화려한 관저, 스페인홀과 갤러리, 작은 성당들이 있다. 성 내의 성 비트 성당은 고딕 양식의 성당으로, 규모는 유럽 고딕양식의 성당들 중에서 제일 크지 않으나 내부 장식은 가장 예술적이라는 평가를 받는다. 그 외에도 성 북쪽의 승마 학교, 왕궁 정원과 여름 별장(벨베데르 궁전), 실내 말 훈련장 등이 있다.

프라하 국립미술관인 슈테른베르크 궁전 미술관Franz Josef Sternberg 은 프라하 성 광장 왼쪽에 있다.

프라하에서도 만날 수 있는 클림트의 〈처녀들〉

황홀하고 몽환적인 그림으로 유명한 구스타프 클림트의 그림이다. 그의 작품에 등장하는 여인들은 아름답다. 클림트는 여성을 사랑해서 '빈의 카사노바'로 불렸다. 그러나 구스타프 클림트는 어머니와 누이동생을 끔찍이 아꼈고, 평생 독신으로 살았다고 한다. 그는 동료 화가인 에밀 쉰들러의 딸 알마 쉰들러(구스타프 말러와 발터 그로피우스의 아내였고, 오스카 코코슈카의 연인이었다)부터 에밀리 플뢰게에 이르기까지 수많은 여인을 품었고, 그 결과 열네 명이나 되는 사생아를 두었다. 자신의 모델이 된 여성과는 꼭 잠자리를 했다는 풍문이 있을 만큼 여성 편력이 대단했다. 프라하 국립미술관에 있는

클림트의 〈처녀들〉

〈처녀들〉은 클림트의 여성 편력을 상징하고 있다. 쿤데라가 말한 '에로틱한 프라하'와 잘 어울리는 그림이다.

1000년의 역사가 담긴 성 비트 성당

체코의 대표적인 성당으로 1000년에 걸쳐 지어졌다. 길이가 140여 미터에 달하는 성당 안에는 왕가의 무덤과 총 21개의 작은 기도실이 있는데, 모두 독특한 아름다움과 역사적 의미를 가지고 있다. 화려한 바츨라프의 무덤과 순은 3톤을 녹여 만든 성 얀 네포무츠키의 무덤, 서쪽 출입구 위에 총 2만 6000장의 유리로 된 길이 10여 미터의 장미창, 체코를 대표하는 아르누보 작가 알폰스 무하의 채색 유리 외에도 수없이 많은 유물이 1000년의 역사를 보여주고 있다. 각각의 유물에 담긴 재미있는 이야기도 많아서, 자세히 둘러보다 보면 시간 가는 줄 모른다. 총 287개의 좁은 성당 탑 계단을 오르면, 전망대에서 프라하의 경치를 감상할 수도 있다.

카프카와 황금소로

프라하 성에서 아래로 내려가는 골목길로, 16세기 루돌프 황제의 명에 의해 연금술사들이 살게 되면서 금세공사들의 거리가 되었다. 이 작고 좁은 거리를 따라 열여섯 채의 작은 집이 늘어서 있다.

카프카는 아버지 몰래 누이동생 집에 숨어서 집필했는데, 그곳이 황금소로Zlatá ulička 22번지의 하늘색 작은 집이다. 1916년 11월에서 1917년 5월까지, 카프카는 매일 늦게까지 집필 활동을 하고 밤이 되

원래는 프라하 성을 지키는 병사들의 막사로 사용하기 위해 건설되었지만,
루돌프 2세 때 연금술사와 금세공사들이 살면서 황금소로로 불리게 되었다.

면 구시가지의 하숙집으로 돌아갔다고 한다. 오늘날 거리 입구에 문을 달아놓고 입장료를 받고 있다. 카프카의 누이동생이 살던 집은 현재 기념품 가게가 되었다.

황금소로 입구의 왼쪽 첫 번째 집에는 중세의 투구, 장신구 등이 전시되어 있고, 직접 활을 쏴볼 수도 있다. 완벽한 중세 전투복을 입은 십자군이 보헤미아에 침공했을 때, 체코의 후스파 군인들은 갑옷을 입지 않고 기상천외한 무기로 빠른 기동성을 발휘하여 무거운 갑옷을 갖춰 입은 십자군을 효과적으로 처부수었다고 한다.

로프코비츠 궁전 박물관

귀족 가문의 화려한 생활상을 한눈에 볼 수 있는 궁전이다. 1627년에 카를로 루라고Carlo Lurago가 로프코비츠 가문을 위해 지은 건물로, 17세기의 화려한 연회장과 곳곳에 전시된 귀중한 그림이나 생활 도구는 바로크 시대상을 보여준다. 홀에서 개최하는 음악회는 옛 귀족들이 어떻게 음악을 즐겼는지 생생히 느끼게 한다.

달리보르카 탑과 지하 감옥, 그리고 스메타나

지붕이 원추형으로 생긴 15세기 탑으로, 블라디슬라프 야기에우워Vladislav Jagiełło 왕이 지은 요새의 일부분이다. 탑의 외벽에 문장이 새겨져 있다. 탑은 감옥으로도 쓰였는데, 첫 수감자인 달리보르 Dalibor of Kozojedy의 이름을 따온 것이다. 달리보르라는 청년은 노예를 피신시킨 죄로 사형을 선고받은 젊은 기사였다. 전설에 따르면, 사형 집행을 기다리는 동안 지하 감옥에 갇혀 있으면서 바이올린 연주를 배웠다고 한다. 그의 처지를 동정한 사람들이 바이올린 소리를 듣고 음식을 밧줄에 묶어서 창문을 통해 보내주었다. 이 창문은 굶어 죽은 수감자를 던져버리는 데 쓰이곤 했다. 베드리지히 스메타나는 이 이야기로 오페라 〈달리보르〉를 작곡했다. 1781년 이후로는 감옥으로 쓰이지 않았다.

벨베데르 궁전과 정원

페르디난트Ferninand 1세의 여름 궁전이었던 벨베데르 궁전은 알프스 북쪽에서 가장 아름다운 이탈리아 르네상스식 건물로, 왕이 사랑하는 아내를 위해 지은 것이다.

궁전 1층은 휴식 장소와 춤을 추기 위한 공간인데, 신화와 역사, 사냥 등의 장면을 묘사한 장식적인 부조가 있는 화려한 아케이드로 둘러싸여 있다. 궁전 앞에 있는 정원의 가운데에는 토마스 야로스Tomas Jaros가 만든 노래하는 분수가 있는데, 청동 그릇에 물방울이 떨어지는 소리가 음악적이라고 하여 붙은 이름이다.

말라 스트라나 광장과 성 미쿨라시 성당

말라 스트라나 광장에 있는 성 미쿨라시 성당은 18세기에 건축된 건물로, 1787년에 모차르트가 연주한 오르간이 있다. 운이 좋으면 오후 2시에 하는 무료 연주회를 즐길 수 있다. 바로크 관악기와 거대한 파이프오르간 연주회는 장관이다.

크리스토프 디엔첸호페르Krystof Dientzenhofer가 본당 회중석을, 킬리안 이그나츠 디엔첸호페르Kilian Ignač Dientzenhofer가 둥근 천장의 성가대석을, 안젤모 루라고Anselmo Lurago가 종탑을 세웠다.

본당 회중석 천장의 프레스코화 〈성 미쿨라시의 찬미〉는 얀 루카스 크라크커Jan Lukaš Kracker, 돔의 〈삼위일체의 경배〉는 프란티세크 자베르 발코František Xaver Balko가 그렸다. 중앙 제단과 네 귀퉁이에는 이그나츠 플라체르Ignač Platzer가 만든 성 미쿨라시의 금도금 조각상과 교부상이 서 있다.

이 지역에는 아름다운 건축물이 많지만, 말로스트란스카 지하철

30년전쟁 중에 가톨릭파가 말라 스트라나 광장을 차지하면서
기존의 건물을 철거하고 새롭게 세운 성 미쿨라시 성당

역을 나오면 좁은 길을 사이에 두고 위대한 교육학자이자 작가인 코멘스키 교육학 박물관이 있다.

카프카 박물관

카렐교를 건너기 직전에 있는 왼쪽 아랫길을 따라가면 카프카 박물관이 있는데, 프라하를 상징하는 작가 카프카의 모든 것을 살펴볼 수 있는 곳이다. 카프카 박물관 앞에 있는 소변 보는 동상은 웃음을 자아낸다. 체코식 농담이자, 프라하식 에로티시즘을 표현한다. 입장료는 비싼 편이다. 티켓을 박물관 입구가 아니라 반대편에 있는 기념품 가게에서 파는 것이 특이하다.

프라하의 상징, 카렐교와 카렐교 탑

카렐 황제의 명령에 의해 페트르 파를러Petr Parler가 그곳에 있던 작은 유디트 다리를 헐고 오늘날의 돌다리를 놓았다. 카렐교는 프라하의 등뼈일 뿐만 아니라 체코에서 가장 중요한 통로로, 부와 권력과 힘과 명예의 상징이다. 20세기 초에는 전차가 다녔지만, 지금은 인도교로만 사용한다. 카렐교는 650년이 넘는 오늘날까지 세계에서 가장 아름답고 견고한 돌다리로 사랑받는 역사물이다.

카렐교에서 도시를 바라보면 도시의 아름다움을 만끽할 수 있다. 특히 밤이나 새벽에 멋진 사진을 찍을 수 있을 만큼 환상적인 분위기를 자아낸다. 성 쪽에서 다리를 건너기 직전에 오른쪽에는 캄파 섬Kampa (프라하의 베니스라고 불리는 강에 있는 밤나무 섬 공원), 다리를 건너서

현존하는 돌로 된 다리 중에 가장 아름답다는 카렐교는 다리 난간에 30여 개의 성인 조각상이 서 있다.
성 얀 네포무츠키가 떨어진 지점에서 소원을 빌면 이루어진다는 전설이 내려온다.

오른쪽 밑에는 스메타나 박물관이 있다, 강가 버드나무 밑 스메타나 동상 앞에서 성을 바라보는 야경은 압권이다. 구시가지 입구의 고딕 양식의 카렐교 탑에 올라가면 도시의 경관을 즐길 수 있다. 다리 위에는 화가, 장인이나 악사가 행인들의 발걸음을 유혹하는데, 이들에게서 걷는 세금만으로 다리를 수리하기에는 부족하므로 통행세를 받자는 의견도 있다.

카렐교를 지나면 좁고 꼬불꼬불한 카프로바 거리가 시작되고, 양쪽으로 각종 기념품 가게들이 행인을 유혹한다. 체코가 자랑하는 화려한 크리스털 제품에 한눈을 팔다가는 길을 잃어버리기 십상이다. 체코 현지인들이 대낮부터 술을 즐기는 '황금호랑이 선술집U Zlatého tygra'도 들러볼 만하다. 이 선술집에는 바츨라프 하벨 대통령이 클린턴을 초청해서 친구인 작가 보후밀 흐라발과 함께 술을 마시던 사진이 걸려 있다.

스메타나 박물관에서 즐기는 낭만

체코 민족주의 음악을 위해 노력했던 스메타나를 기리기 위해 블타바 강가에는 스메타나 박물관이 세워져 있다. 소박한 공간이지만 창밖에 블타바 강이 흐르고 강 건너편에 프라하 성이 보인다.

스메타나 박물관은 구시가지 광장의 카렐교 근처에 있다. 박물관 앞에서 보는 카렐교와 프라하 성의 전경이 백미다. 스메타나 박물관의 입장료는 비싸지 않지만, 사진 촬영을 하고 싶다면 추가 요금을 내야 한다. 프라하의 박물관 중에는 상당히 늦게까지 연다.

2층 맨 안쪽에는 재미있는 장치가 있다. 오케스트라를 상징하는 악보대가 놓여 있는데, 지휘석에 곡명이 적혀 있어서 지휘봉을 들고 악보대를 누르면 정해진 곡이 흘러나온다. 마치 오케스트라를 지휘하는 기분이다. 블타바 강을 바라보면서 스메타나의 대표작인 〈나의 조국〉 2악장을 즐기는 것도 색다른 경험이다.

스메타나 박물관으로 가는 도중에 마리오네트 인형을 파는 가게가 있는데, 음악에 맞추어 마리오네트가 춤추는 것을 볼 수 있다. 사람처럼 정교하게 움직이는 것이 신기할 정도다.

구시가지 광장의 구시청

구시가지 광장에서 전형적인 고딕 양식을 자랑하고 있는 건물로 14세기에 건축되었다. 2차 세계대전 때 나치의 폭격으로 상당 부분이 손실되었으나, 그 후 남은 부분을 복구하여 현재의 모습을 갖추었다. 구시청 우측 잔디밭에는 1945년까지 신고딕 양식의 건물이 있었는데, 소련군이 프라하를 점령하기 며칠 전에 체코인들이 나치에 대항하여 봉기한 것에 대한 보복으로 나치군이 건물을 헐어버렸다.

처음에는 룩셈부르크 가문의 얀Jan 왕에 의해 지어졌는데, 그 후로 건물을 사들이거나 시민들로부터 기부를 받아 점차 확장되면서 다섯 개의 집으로 이루어졌다. 고딕 양식의 탑 위에는 신성로마제국, 체코 왕 그리고 구시가지를 나타내는 문장이 있는 르네상스식 창문이 있다.

구시청의 탑은 높이가 70미터나 되어서 프라하 중심을 한눈에 조망할 수 있다. 후스 기념 동상, 카프카 광장과 생가 및 주거지, 카프카가 다니던 고등학교가 자리했던 로코코풍의 골즈 킨스키 궁전, 틴 성당과 성모마리아 교회가 보인다. 틴 성당 내부의 주제단 앞에는 카렐 스크레타Karel Skreta가 그린 〈성모 승천〉과 〈삼위일체〉 그림이 있다. 15세기 중엽의 고딕식 설교단 뒤의 벽에는 대리석 무덤이 있는데, 덴마크의 천문학자 티코 브라헤Tycho Brache가 묻혀 있다.

유럽에서 제일 아름다운 벽시계, 오를로이 천문시계

구시청 탑의 남쪽에 달린 '오를로이 천문시계'는 유럽에서 제일

구시가지 광장, 오를로이 천문시계와 틴 성당

종교개혁가이자 교수인 얀 후스의 순교 500주년을 맞아 구시가지 광장에 세운 동상이다.

아름다운 벽시계로, 수많은 이야깃거리로 전 세계 여행객들의 눈길을 끈다. 얀 타보르스키란 유명한 시계공이 1572년도에 완성한 것으로, 19세기에 전체적으로 보수 공사를 하면서 시계 밑에 민족주의 화가인 마네스Josef Manes의 달력판이 덧붙여졌다.

그 후 장인 하누시Hanus가 프라하 시의 요청을 받고 시계를 개조했다고 한다. 전설에 의하면, 시장은 시계공에게 후하게 보답하고 이것보다 더 아름다운 시계를 만들지 못하도록 시계공의 두 눈을 멀게 했다고 한다. 그런데 시계공이 죽기 전에 시계를 만져보는 것이 소원이라고 해서 소원을 들어주었는데, 그 순간부터 시계가 멈췄다. 그로부터 1세기가 지나서 새로운 시계공이 수리하고 나서야 움직이게 되었다.

오를로이 천문시계와 황도 12궁의 궤도

예수의 12제자상 (정확히 말하면 열한 명의 사도와 성 바울)은 17세기에 더해졌으며, 연, 월, 일, 시뿐만 아니라 지구를 중심으로 한 해와 달의 궤도를 비롯하여 황도 12궁을 표시한다.

정각이 되면, 시계의 중간 부분에 조각

된 해골이 오른손에 감긴 줄을 당기면서 왼손으로는 모래시계를 뒤집는다. 그러면 시계의 맨 위에 있는 두 개의 작은 창문이 열리고 예수의 12제자상이 고개를 돌리며 천천히 움직인다. 이 행렬이 끝나면 작은 창이 닫히고 시계 위쪽의 황금색 수탉

정교하게 디자인 된 천문시계

이 홰를 친다. 이때 시계는 벨을 울려서 시간을 알려준다. 그동안 무슬림을 대표하고 투르크인을 상징하는 조각상이 고개를 좌우로 흔들며 동의하지 않는다는 모습을 보인다. '허무'를 상징하는 알레고리 조각상은 거울을 보고 지난 세월을 회고한다. 그리고 고리대금업자에게서 그 모습을 따와 탐욕을 상징하는 유대인 상이 움직인다.

당시 체코인들의 우주관이 표현된, 실용적이고 예술적인 작품이다. 이와 비슷한 천문시계를 프랑스 알자스 지방의 스트라스부르 대성당에서도 볼 수 있고, 모라바 올로모우츠의 구시청 탑 벽에도 아름다운 천문시계가 있다.

유대인 묘지, 랍비 뢰브의 묘지

유대인 묘지는 예술적으로, 역사적으로 귀중한 묘비가 있다. 15세기 초에 만들어졌으며, 유대인 지구의 중심에 위치하고 있다. 시간

이 지날수록 공간이 부족하여 겹쳐서 매장할 수밖에 없었는데, 어떤 곳은 12층까지 포개어 매장된 곳도 있다. 현재 묘지에 있는 비석의 숫자는 1만 2000기 정도로, 1439년부터 시작하여 1787년에 매장이 금지되었다.

신구시너고그

신구시너고그는 중부유럽에서 가장 오래된 유대 교회당으로, 1270년경에 세워져서 초기 고딕 양식을 보여주며, 칼집 모양의 벽돌 박공이 매우 특징적이다. 두 개의 복도로 구성된 내부에는 여섯 개의 늑골이 있는 두 개의 큰 기둥이 있으며, 벽을 따라 놓인 의자들은 『토라』를 읽는 탁자가 있는 단을 바라보고 있다. 또한 이곳은 프라하 유대 공동체에서 가장 저명하고 중요한 학자들이었던 랍비들이 있었던 곳이기도 하다.

틴 성당 앞의 성모마리아 교회

14세기에 건축가 파를러가 지은 것으로, 80미터 높이의 두 탑은 각각 네 개의 작은 탑들로 꾸며져 있고, 뾰족탑에는 또 다른 네 개의 더 작은 탑들이 있다. 두 탑 사이에는 15세기에 만들어진 후기 고딕 양식의 박공벽이 있다. 성당의 북쪽 정문은 고딕 양식의 진수를 보여준다. 밤이 되면 조명을 비추는데 낮과는 다른 아름다움을 느낄 수 있다.

스타보프스키 극장

오보츠니 트르흐 가의 카렐 대학 본관 주위에 있는 극장으로, 모차르트의 〈돈 조반니〉를 초연했으며 〈피가로의 결혼〉이 성공적으로 개최된 오페라하우스다. 여름 내내 공연하는 〈돈 조반니〉 오페라는 코믹한 내용을 담고 있어서 즐길 만하다.

입체주의 박물관과 검은 마돈나 상·아기 예수 집

프라하 구시가지 광장에서 화약고 탑문에 이르는 첼레트나Celetná 거리에 인접한, 검은 마돈나Black Madona 상이 달린 입체주의 박물관에서는 체코 입체주의 예술품의 진수를 볼 수 있다. 유대인 지구 근처의 빌코바Bílkova와 엘리슈키 크라스노호르스케Elišky Krásnohorske 거리 모퉁이에는 단순하고 기하학적인 무늬들이 반복되는 평범한 건물들이 많은데, 체코 입체주의 양식의 건물이다. 그 중에서도 창문을 힘겹게 양 어깨로 떠받치는 남성의 기둥이 특이하다. 체코 입체주의는 피카소나 세잔, 브라크와 비슷한 그림을 그린 에밀 필리Emil Fila의 회화를 비롯하여 다양한 가구, 공예품 등으로 표현된다. 해골이 나오는 그림 등 드라마틱한 이야깃거리가 있는 그림들과 조각들이 많다.

검은 마돈나 상과 아기 예수상

화약고 탑문과 시민회관

프라하의 동대문에 해당되는 화약고 탑문은 중세에는 프라하 성벽의 동쪽 문이었다. 17세기에는 이 탑에 화약고가 있었다. 15세기에 고딕 양식으로 건립되었으며 파괴와 재건의 역사를 겪었다. 탑 꼭대기에서는 시 전체를 조망할 수 있다. 바로 옆에는 시민회관이 있는데, 체코인들의 예술 감각이 잘 드러난다. 유럽에서도 아르누보 양식의 건물로는 가장 아름다운 것으로 꼽히며, 각종 음악회와 전시회가 개최된다. 알폰스 무하의 그림이 있는 1층의 프랑스 레스토랑도 아름답지만, 지하에 있는 아르누보 양식의 플젠 생맥주 선술집은 프라하에서 가장 아름다운 선술집이라고 한다.

체코의 위대한 화가, 알폰스 무하 박물관

나프르지코페 거리에서 판스카 거리로 들어서면 알폰스 무하 박물관이 보인다. 체코가 낳은 가장 위대한 아르누보 화가의 그림과 일생을 한눈에 볼 수 있다. 입장료는 비싼 편이다. 아르누보의 창시자이자 거장인 알폰스 무하의 다양한 그림과 스케치를 소장하고 있다.

바츨라프 광장과 국립박물관

프라하에서 가장 긴 광장인 바츨라프 광장은 14세기 때는 말 시장이었다. 지금은 길 양쪽에 호화로운 호텔, 상점, 레스토랑이 있다. 프라하의 세 개 지하철 노선이 만나는 곳이기도 해서 언제나 수많은 인파로 가득하다. 체코 민주화의 현장으로, 1968년 '인간의 얼굴을 한 사회주의'를 외치며 알렉산더 두브체크가 이끌었던 '프라하의 봄'이라는 민주 혁명이 일어났던 곳이기도 하고, 1989년에는 벨벳혁명이 일어나기도 했다. 국립박물관 앞쪽에는 성 바츨라프 동상이 있는데, 그 앞에는 프라하의 봄 때 러시아의 진압 과정에서 분신자살한 대학생 얀 팔라흐Jan Palach를 추모하는 꽃다발과 촛불이 가득하다. 이로 인해 체코인들은 아직도 러시아에 대해 감정이 좋지 않다. 지

국민들이 성금을 모아 만든 진정한 의미의 국립극장

금도 체코인들은 이 광장에서 집회를 열곤 한다.

바츨라프 광장의 남쪽 끝 언덕에 있는 네오르네상스 양식의 걸작품인 국립박물관은 체코 국립극장과 함께 체코민족주의의 상징이다. 19세기 말에 위대한 건축가 요세프 슐츠Josef Schulz가 설계했다. 이 박물관에서 체코 역사와 자연사를 한눈에 볼 수 있다. 입구에는 여러 가지 우화적인 상이 장식되어 있고, 건물 내부의 대리석 장식, 체코의 위대한 예술가, 작가, 음악가, 역사적인 인물의 아름다운 조각상은 체코 예술의 자존심을 드러낸다. 화려한 조형미의 극치를 보여주는 아름다운 계단에서 개최되는 저녁 콘서트는 부담 없이 즐길 수 있다.

체코의 민족혼이 담긴 체코 국립극장

체코의 자존심이라고 할 만큼 종합적인 예술미의 극치로, 유럽에서 최초로 국민들이 성금을 내어 건축했다. 대개 극장이나 오페라하우스는 귀족이나 왕이 만들었다는 의미에서, 이곳은 진정한 시민 극장이자 오페라하우스라고 할 수 있다. 요세프 지테크Josef Zitek에 의해 네오르네상스 양식으로 건설되었으나, 1881년에 개관을 앞두고 화재로 전소되었다. 그래서 요세프 슐츠의 지휘하에 당시 체코의 최고 건축가와 예술가 등이 재건에 동참했고, 다시 체코 전국에서 성금이 모아져서 성공적으로 완공되었다. 재건축 개관 기념 공연으로 스메타나의 오페라 〈리부세〉가 공연되었다. 건물 지붕에 반짝이는 금도금은 체코 민족부흥의 전성기를 상징한다.

초현실적인 아름다움, 춤추는 건물

국립극장에서 강둑을 따라 거슬러 올라가면 '춤추는 건물Tancujicí dům'이라는 건축물이 있다. 진저 로저스Ginger Rodgers와 프레드 에스테어Fred Astaire의 춤추는 장면을 표현한 포스트모더니즘 양식으로, 벨벳혁명 이후에 시 중심에 건축된 유일한 건물이다. 슬로베니아 태생 체코 건축가인 블라도 밀루니츠Vlado Milunic와 미국 건축가 프랭

남녀가 춤추는 모습을 형상화한 건물에는 네덜라드 은행, 사무실 및 고급 레스토랑 등이 있다. 프랭크 게리와 밀루니즈의 작품으로 유명하다.

크 오 게리Frank O Gehry가 설계했다. 바로 옆에 하벨 대통령의 개인 아파트가 있었다. 그들이 설계한 예술적인 아파트는 페트르진행 전철 종점에서 시내 쪽으로 내려오면 볼 수 있다. 초현대식 아파트를 다양한 색깔과 모양으로 예술적으로 건설해서, 매일 많은 사진작가들이 카메라를 들고 이곳을 찾는다.

역사의 흔적이 살아 숨 쉬는 비셰흐라트

비셰흐라트는 높은 고딕 양식의 성당, 넓은 공원에 흩어져 있는 문화 유적과 더불어 체코 국립묘지가 있어서 사람들의 발길이 끊어지지 않는다. 비셰흐라트 언덕에서 바라보는 블타바 강과 흐라트차니 성 등 프라하 전경이 일품이다.

비셰흐라트 언덕은 역사나 전설이 많이 담겨 있어서, 체코인들의 민족적 정체성이 가장 잘 담겨 있는 유적 중 하나다. 이곳은 체코 민족의 기원에 관한 전설과 관련이 있는데, 블타바 강과 보티츠 강의 합류점을 아래로 두는 바위 언덕 위의 전략적인 위치는 선사시대 이래로 사람들이 정착하기에 더없이 훌륭한 조건을 갖추고 있었다. 이곳에 사람이 거주했다는 가장 오래된 흔적은 기원전 3000년경의 것으로 추정된다. 그러나 비셰흐라트의 존재를 증명해주는 가장 오래된 증거는 볼레슬라프 2세(967~999) 때 주조된 동전이다. 이와 같은 시기에 왕궁에는 성 클레멘트 교회나 세례 요한 교회와 같은 초기의 교회당들이 있었다. 폴란드의 침입이 있었던 1000년경에는 비셰흐라트가 프르제미슬 왕조의 심장부였고, 후에 보헤미아의 초대 왕이

성 페트르와 파벨 성당

된 브라티슬라프 2세의 거처가 되었는데, 이곳에 왕궁을 건립하고 성 페트르와 파벨 성당, 그리고 성당 참사회 회의소를 세웠다. 소베슬라프 1세의 통치 마지막 시기에 프라하 성의 왕궁과 성벽을 대대적으로 개축하면서 거처를 프라하 성으로 옮겼다. 완벽하게 보존된 유물은 브라티슬라프 왕에 의해 건립된 성 마르틴 교회의 로툰다로, 프라하에서 몇 안 되는 로마네스크 양식의 건축물이다.

비셰흐라트 지역은 로마네스크 양식의 성 마르틴 교회가 있는 공원과 강 언덕에서 프라하 시내를 관망하며 산보하기에 좋다. 언덕 아래로 내려오면 입체주의 건축미를 즐길 수 있는 아파트도 있다.

'로툰다'는 원형 홀을 뜻하는 말로,
프라하에서 가장 오래된 로마네스크 양식의 건물이다.

100개의 박물관과
미술관으로 만든 도시

프라하에는 100여 개에 이르는 박물관과 미술관, 전시장이 있는데, 중세의 종교 미술품들이 현란한 아르누보 양식이나 현대 미술의 걸작들과 나란히 전시된다. 1989년 이래로 새로운 미술관들이 개관되고 있으며, 전시회도 나날이 그 종류와 횟수가 늘고 있다. 체코의 역사를 담고 있거나, 프라하와 국민들에게 헌납된 박물관도 있다.

오늘날 프라하 국립미술관은 체코와 중부유럽의 고대와 중세의 미술을 전시하는 성 아그네스 수녀원, 바로크와 고전주의 미술을 전시하는 슈테른베르크 궁전, 바로크 미술을 전시하는 슈바르첸베르크 궁전, 19세기 보헤미아 미술을 중점적으로 전시하는 성 게오르크 수도원, 근현대 미술 중에서도 체코 큐비즘을 전시하는 검은 성모마리아의 집인 입체주의 미술관, 20세기와 21세기 미술을 전시하는 벨레트르주니 궁전, 아시아 및 고대 지중해 미술을 전시하는 킨스키 궁전 등 일곱 곳의 전시관으로 이루어진다. 그리고 3000점의 회화, 1000점의 조각상, 2000점의 인쇄물이 전시되어 있다.

12~18세기 작품은 주로 성 이르지 수도원에 전시되어 있고, 19세기 미술은 성 아네슈카 수도원 미술관에, 19세기와 20세기 조각은 즈브라슬라프 수도원에 많이 전시되어 있다. 즈브라슬라프 수도원에는 낭만주의와 아르누보 계열의 작품이 많은데, 오토 구트프레운트Otto Gutfreund의 1920년대 작품들은 특히 인기가 높다. 2000년도부

터 12~16세기 체코 고딕 시대의 미술, 조각품은 성 아네슈카 수도원의 특별 전시실에서 전시한다.

프라하 성 회화관은 황제 루돌프 2세의 유품들을 많이 소장하고 있다. 그리고 원래의 작품이 얼마나 화려했는지 보여주는 증거 자료들도 비치되어 있다. 프라하 성에 있는 최고의 보헤미아 미술품은 성 이르지 수도원의 고딕과 바로크 시대의 작품으로, 이곳에는 카렐 황제 시대의 그리스 출신 화가 테오도리크가 그린 카렐 4세의 초상을 비롯하여 바로크의 거장인 카렐 슈크레타와 페트르 브란델의 작품도 있다.

수세기에 걸쳐 제작된 체코 조각품들은 야외 전시장에 있는 라피다리움Lapidarium에 모아놓았다. 이곳의 전시품 중에는 카렐교 위에 세워졌던 조각상과 구시가지 광장에 있던 마리안 기둥이 포함되어 있다. 현대 체코 미술의 걸작으로 평가받을 만한 작품들은 전 무역궁전Trade Fair Palace에 있다.

체코를 대표하는 화가, 알폰스 무하

특히 알폰스 무하Alfons Mucha(1860~1939)는 체코 출신의 화가이자 장식미술가로 아르누보 시대의 대표적인 예술가다. 체코 모라바의 남부 지방 이반치체Ivančice에서 재판소 직원인 아버지와 성직자의 꿈을 키우며 귀족의 자녀를 가르치던 어머니 사이에서 태어났다. 그는 여덟 살에 〈십자가에 못 박힌 예수 그리스도〉(1868)로 일찍이 그림에 대한 재능을 인정받았다. 그러나 음악적 재능이 있어서 브르노의 중등학교에 다녔고, 유명한 체코 작곡가 야나체크를 만났다. 1883년에 미쿨로프의 귀족 큐헨 백작을 만났는데, 그의 그림에 감명받은 백작은 무하가 뮌헨 미술 대학에서 정식으로 미술을 배울 수 있도록 지원해주었고, 이탈리아 등지를 함께 여행하기도 했다. 또 파리로 가서 본격적인 미술을 배우라고 권고해주었다. 무하는 파리에서 잡지와 광고 삽화를 그렸고, 르네상스 극장에서 여배우 사라 베르나르를 알리기 위한 석판 포스터로 큰 호평을 받으면서 하루아침에 유명 인사가 되었다.

  무하는 그림, 연극 포스터, 각종 상업 광고와 책의 삽화를 그렸고, 장신구, 보석 디자인, 카펫, 벽지 등을 제작했다. 그의 스타일은 아르누보를 대표하는 양식으로 널리 알려졌다. 젊고 건강하고 매혹적인 여성, 흩날리는 머릿결, 늘어트린 드레스와 꽃으로 장식된 그림이 가장 전형적이다. 최초의 연작 장식 그림인 〈사계〉는 각 계절을 상징하는 네 명의 여신들로 구성된 첫 번째 아르누보 연작 시리즈였다. 무하의 아르누보 스타일을 많은 사람들이 흉내 냈지만, 정작 그는 상업적인 성공을 부담스러워했으며, 순수예술과 체코 민족을 위한 예술에 집중하고 싶어 했다.

사라 베르나르를 위한 포스터

1901년, 무하는 체코 과학예술아카데미의 미술 부문 회원으로 선발되었다. 1902년 체코미술가협회에서 주최하여 로댕전이 프라하에서 열렸을 때, 모라바를 방문한 무하는 미술 학도 마리에 히틸로바와 만났고, 1906년에 프라하에서 결혼한 후로 파리 생활을 접고 미국으로 건너갔다.

1910년 다시 조국으로 돌아와서 〈슬라브 서사시〉 작업에 몰두했다. 그리고 독립한 체코슬로바키아의 각종 우표, 지폐 등의 디자인을 맡았다. 1919년에는 〈슬라브 서사시〉 열한 편을 국립도서관 클레멘티움에서 전시했다. 완성작 20편은 1928년 미국의 대부호 찰스 크레인이 후원하여 프라하에서 발표회를 연 후 체코슬로바키아에 기증했다. 1931년에는 체코의 상징인 프라하의 성 비트 성당의 스테인드글라스를 제작했다. 만년의 대작 〈슬라브 서사시〉는 모라바의 작은 도시에 계속 전시되어 있었으나, 2012년에 체코 정부가 프라하로 가져왔다.

1939년 나치가 체코슬로바키아를 침공한 후 그를 체포했는데, 모진 고문을 겪고 풀려난 그는 80세 생일을 열흘 앞두고 사망했다. 나치는 군중의 집회를 막으려 했지만, 그의 장례식에 10만 명의 체코 국민들이 모여 그의 최후를 배웅했다. 무하는 체코 민족의 상징이며 체코의 위대한 인물인 작곡가 스메타나, 드보르자크, 작가 카렐 차페크, 노벨상을 수상한 시인 야로슬라프 사이페르트, 소프라노 성악가 엠마 데스티노바 등이 안장되어 있는 비셰흐라트 슬라빈 묘지에 안상되었다.

무하는 다른 예술가들과 달리 특별한 열정을 지니고 있었는데, 이것이 후기 작품의 성격을 특징짓는다. 바로 체코와 슬라브 전통과 문화에 대한 사명감이었다. 그는 민족의 고유한 전통으로부터 예술을 발전시켜야 한다는 신념을 지녔다. 그러나 1902년에 무하가 프라하를 방문했을 때에는 많은 사람들이 그를 프랑스인으로 여겼다. 이는 슬라브 정체성에 강한 신념을 가지고 조국을 위해 헌신하려던 무하에게 상처가 되었다. 정신적이고 민족주의적인 목표에 매우 헌신한 그가 상업적인 광고, 포스터, 장식미술 분야에서 국제적인 명성을 얻었던 것도 아이러니컬하다. 그가 자주 강조했듯이, 그의 영감은 체코 민족의 영광스러운 과거에서 비롯되었는데 말이다. 무하는 너무 상업적이라는 비난에도 매우 민감했다. 더욱더 심각한 아이러니는 그가 조국을 위해 재능을 헌신할수록 예술 비평가들은 그의 예술 가치를 폄하하곤 했다는 것이다.

〈슬라브 서사시〉는 20개의 대형 그림으로 이루어졌는데, 그 중 열 작품은 체코를 주제로 하고 나머지는 슬라브 민족주의를 주제로 한다. 이 그림이 완성되었을 당시에는 정치적 상황이 다양해서 평가도 가지각색이었다. 새로운 코스모폴리탄과 국제적인 정신 속에서 새로운 예술을 실험하던 화가들이 보기에 〈슬라브 서사시〉는 전통 예술의 표본이었다. 그래서 미학적인 양식 면에서도, 감상적인 환상으로 취급받던 범슬라브주의라는 사상 면에서도 시대에 뒤떨어졌다고 여겨졌다.

〈원주민 지역의 슬라브족〉은 선사시대의 슬라브족이 살던 낙원

〈슬라브 서사시〉 중 〈러시아의 농노제 폐지〉

〈슬라브 서사시〉 중 〈원주민 지역의 슬라브족〉

에 이민족이 침략하여 약탈하는 장면을 형상화하였다. 두 명의 슬라브 아담과 이브는 숲속에서 숨어 있다. 불길이 솟는 지상낙원을 버리고 새로운 영토, 아마도 보헤미아 지역을 찾아갈 것이다. 오른쪽 공중에 떠 있는 세 사람의 초현실적인 장면 중에서 가운데는 성직자를 상징하고 양쪽 두 사람은 전쟁과 평화를 상징한다.

〈러시아의 농노제 폐지〉는 무하가 러시아를 여행할 때 찍어둔 사진과 스케치한 그림 등을 바탕으로 만들어졌다. 이 그림은 〈슬라브 서사시〉의 어느 그림보다도 담담하게 현실 속 러시아인들의 모습을 담고 있다. 이미 자유로워진 러시아인들이었지만, 그들 안에서 무하는 농노들이 자유를 쟁취하던 그 순간을 상상할 수 있었다.

아버지 알폰스 무하에 대한 아들 이르지와 딸 야로슬라바의 노력 덕분에 그의 예술은 더 자세히 알려졌다. 딸 야로슬라바는 회화 보존에 심혈을 기울였고, 이르지는 아버지의 〈슬라브 서사시〉를 포함하여 후기 작품들을 신중하게 비평한다. 알폰스 무하가 형식을 희생하고 슬라브 민족들 간의 결속이라는 주제에 집중했던 것은 예술가가 저지르지 말아야 하는 실수를 드러낸다고 말이다.

프라하의 봄, 프라하 국제 음악 축제

프라하에서는 4월에 하얀 꽃이, 5월에 샛노란 꽃이, 6월에 빨간 꽃이 지천에 핀다. 특히 노란 꽃이 세상을 물들이는 5월의 프라하는 황홀할 정도로 날씨가 좋다.

'프라하의 봄'이라 불리는 프라하 국제 음악 축제는 2차 세계대전 이후인 1946년에 에드바르트 베네시 대통령의 후원으로 시작되었다. 지금은 체코와 외국 회사들로부터 후원을 받으면서, 세계 정상급의 음악가들을 초청하여 매년 더욱 질 높은 음악 축제를 개최하고 있다.

프라하의 봄 축제는 프라하의 문화 행사 중 가장 큰 행사로, 베드르지흐 스메타나의 서거일인 5월 12일에 시민회관 내에 있는 스메타나홀에서 〈나의 조국〉으로 막을 연다. 그리고 〈기쁨의 송가〉와

프라하의 봄 축제의 막을 여는 스메타나홀

더불어 베토벤 9번 교향곡 〈합창〉이 피날레를 장식한다. 6월 초까지의 축제 기간 동안 음악 애호가들은 교향곡, 실내악 연주 등 다양한 콘서트와 오페라 등을 즐길 수 있다. 전 세계로부터 많은 사람들이 몰려들어서 연주회 티켓은 곧 매진된다. 또한 프라하에 올 수 없거나 표를 구할 수 없는 음악 애호가들을 위해 체코 라디오와 텔레비전에서 중요한 연주회를 방영한다.

이 축제를 기점으로 프라하에서는 '프라하의 가을'이라는 음악 축제를 비롯하여 10월까지 다양한 연주회와 문화 행사가 이어진다. 시민회관의 스메타나홀, 루돌피눔의 드보르자크홀, 베르트람카 Bertramka, 드보르자크 기념 박물관, 스메타나 기념 박물관, 마네스홀, 클레멘티움의 유리거울 교회, 마르틴 궁전을 비롯하여 성당과 궁전, 정원 등 곳곳에서 연주회가 열린다. 세계에서 제일 매혹적인 도시라 불리는 프라하의 5월은 연중 가장 아름다운 계절이라서 음악 축제를 한층 빛나게 한다. 프라하 공원과 정원의 푸른 나무, 만개한 꽃, 숲, 꽃밭 등 모든 것이 장엄한 음악 축제의 배경을 이룬다.

5월의 음악 축제에 앞서 오랜 전통을 자랑하는 국제 음악 콩쿠르가 열리는데, 바이올린, 첼로 등 현악기, 피아노, 현악 4중주, 성악, 오르간, 목관 및 금관악기 연주대회가 4~6년 주기로 개최된다. 콩쿠르의 우승자들은 국제적으로 인정받는다. 1995년부터는 지휘자와 작곡 분야에서도 경연대회가 실시되었다. 지휘 분야의 우승자는 프라하 국제 음악 축제에서 체코 교향악단에 소속되어 연주할 수 있는 특별 기회를 부여받는다.

영화 〈프라하의 봄〉

'프라하 봄'으로 상징되는 체코의 자유화 운동과 소련의 탄압이라는 상황에서 펼쳐지는 두 남자와 두 여자의 러브 스토리를 그린 밀란 쿤데라의 소설 『참을 수 없는 존재의 가벼움』은 동명의 영화로 만들어지기도 했다. 원래 '프라하의 봄'은 민주화 운동을 뜻하며, 국제적인 음악 축제의 별칭이기도 하다. 그래서 우리나라에 잘 알려지지 않은 체코라는

영화 〈프라하의 봄〉 포스터

나라를 상징하는 '프라하의 봄'으로 제목을 바꾸어 영화가 상영되었다. 원작에서는 두 쌍의 사랑과 섹스를 다루고 있지만, 영화에서는 토마스와 테레사, 사비나의 삼각관계에만 초점을 맞추고 있어서 작가로부터 원작의 뜻을 훼손했다며 강한 항의를 받았다.

프리마돈나와의 추억을 선물해준 드보르자크

 2005년도 가을, 안토닌 드보르자크Antonín Dvořák 서거 100주년을 기념해서 서울오라토리오는 드보르자크의 〈레퀴엠〉을 KBS 콘서트

홀에서 공연다. 수많은 관객 중에는 드보르자크의 손자와 외손녀도 있었다. 드보르자크의 후손들은 할아버지의 음악이 멀고 먼 동양의 한국에서 그처럼 사랑받는 줄 몰랐다고 그날의 감상을 말했고, 그곳에 온 모든 사람들에게 강한 인상을 남겼다. 서울오

안토닌 드보르자크

라토리오와 프라하국립음악원은 매년 여름에는 프라하에서, 겨울에는 한국에서 드보르자크의 음악을 공연한다.

드보르자크는 음악적인 재능이 있었지만 신동은 아니었다. 그는 어릴 때 수줍음을 많이 타는 아이였다. 17세 때 프라하의 오르간학교에 들어가 2년간 공부한 후, 1862년에 프라하에 가설극장(체코 국립극장)이 신설되자 비올라 연주자가 되었다. 1866년에는 지휘자로 취임한 스메타나의 영향을 받아서, 음악가로서 체코의 민족문화를 부흥시켜야 한다는 사명감을 가지게 되었다. 1872년에 애국적인 시 〈빌라호라의 후계자들〉의 찬가가 호평을 얻으면서 인정받고, 1874년에는 성 아달베르트 교회의 오르간 연주자가 되었다.

드보르자크는 1877년에 브람스에게 인정받고 베를린의 출판사에서 작품이 출판되면서 유명해졌다. 이때부터 여러 연주자가 드보르자크의 실내악이나 관현악곡을 유럽 여러 곳에서 연주했다. 19세기에는 체코의 예술가가 국제적으로 인정받기 위해 빈이나 베를린, 드레스덴 혹은 함부르크와 같은 독일의 주요 문화 도시를 거쳐야 했는데, 드보르자크도 마찬가지였다. 브람스, 요아힘, 리히터 등의 후

원에 힘입어서, 스메타나와는 달리 외국에까지 이름을 알렸다.

1892년에는 뉴욕의 국립음악원 원장으로 초빙되었고, 그다음 해에 미국에서 느낀 신선한 인상을 바탕으로 교향곡 9번 〈신세계〉를 작곡했다. 1895년 4월에 프라하로 돌아온 후로는 음악원의 작곡 교수직과 창작에만 전념하며 음악가로서 최고의 영예를 누렸으나, 1904년에 신장병으로 사망했다.

드보르자크는 미국을 겪으면서 음악에 새로운 자극과 색채를 더했다. 보헤미안적인 싱코페이션 대신에 미국적인 리듬, 일곱 개의 금관악기가 보여주는 독창적이고 대담한 화성으로 미국 풍경의 광막함과 장엄함을 음으로 표현했다.

〈신세계〉 2악장의 멜로디에 고향을 그리는 마음을 가사에 담은 노래 〈Going Home〉은 흑인들이 조상의 고향을 생각하며 부르는 곡으로, 때때로 장례식에서 고인을 떠나보낼 때 부르기도 한다. 한국 출신 유엔사무총장 취임 축하 공연에서 젊은 테너가 이 노래를 부를 때, 내 앞에 앉은 흑인 여성이 눈물을 훔치는 것을 본 적이 있다. 우리말로 번안한 가사는 다음과 같다.

꿈속에 그려라 그리운 고향
옛 터전 그대로 향기도 좋아
지금은 사라진 동무들 모여
옥 같은 시냇물 개천을 넘어
반딧불 쫓아서 즐기었건만

꿈속에 그려라 그리운 고향
그리운 고향

특히, 드보르자크의 〈신세계〉 중 2악장은 고향을 떠올리게 한다. 그래서 나는 드보르자크의 고향인 넬라호제베스Nelahozeves에 있는 드보르자크 박물관을 비롯하여, 프라하의 박물관도 여러 번 방문했다. 프라하 주변에는 드보르자크를 기념하는 박물관이 여러 군데 있다.

드보르자크의 고향인 넬라호제베스는 프라하에서 북쪽으로 30킬로미터 떨어져 있는 블타바 강가에 위치해 있다. 원래 백정이었던 그의 아버지가 경영하던 정육점 겸 술집인 자리를 1987년에 드보르자크 동상을 건립하면서 박물관으로 개조했다고 한다. 이곳의 성 안드레이 교회에는 드보르자크가 세례받은 세례반이 있고, 높은 언덕에 자리한 성에는 렘브란트, 반다이크 등의 그림이 걸려 있다. 체코에서 가장 부유한 성 박물관이 있으니, 드보르자크의 고향을 찾을 때는 꼭 한 번 가볼 만하다. 블타바 강이 유유히 흘러가는 강둑에는 아름다운 음악당 루돌피눔Rudolfinum이 있는데, 그곳의 드보르자크 홀에서 드보르자크는 1896년에 처음으로 오케스트라를 지휘했다. 서울오라토리오의 주최로 2010년에 제1회 세계 드보르자크 작곡 대회가 열린 이래로 매년 같은 이름의 콘테스트가 개최되고 있다.

즐로니체Zlonice에 있는 기념관은 원래 병원이었는데, 드보르자크는 이곳에서 안토닌 리만A. Liemann과 함께 본격적으로 음악 공부를 시작했다고 한다. 그리고 첫 심포니 〈즐로니체의 종〉과 오페라 〈야

드보르자크 동상이 서 있는 넬라호제베스의 드보르자크 박물관

코빈Jakobín〉을 작곡했다.

프라하에서 멀지 않은 비소카 우 프르지브라미Vysoká u Příbrami는 음악적 영감을 얻기 위해 드보르자크가 자주 머물던 한적한 시골로, 드보르자크의 처남 바츨라프 코우니츠 백작이 살던 17세기의 네오 르네상스 양식의 대저택이 있다. 넓은 숲에는 '루살카의 연못'이 있는데, 작곡가가 오페라 〈루살카〉를 작곡할 때 영감을 받은 곳이라고 한다.

드보르자크의 오페라는 체코에서 해마다 무대에 오른다. 그의 오페라 가운데 가장 뛰어난 작품인 〈루살카〉의 리브레토는 야로슬라

프라하 드보르자크 박물관. 원래 병원이었던 이곳에서 드보르자크는 본격적으로 음악 공부를 시작했다.

프 크바필이 썼는데, 그는 드보르자크에게 최고의 파트너였다. 2005년 여름에 르네상스 도시로는 가장 아름답다는 체스키크루믈로프에 갔을 때, 달빛 아래 정원을 무대로 회전하는 관중석에서 〈루살카〉를 본 적이 있다. 물의 요정 루살카들이 연못에서 뛰어나와 아름다운 숲에서 춤추는 장면은 무척 인상적이었다. 그리고 2010년에는 카를로비바리 근교의 13세기 로케트 성 아래에 있는 강가 야외무대에서 우산을 받쳐 들고 이 오페라를 보았다. 막간에 다리 밑에서 비를 피하고 있을 때, 〈루살카〉의 주인공 프리마돈나를 만났다. 인간이 되고 싶어 하는 주인공 이야기를 하면서 인간에게 키스를 해야

1부 : 음악과 문학의 숨결이 살아 있는 프라하

83

인간이 될 수 있다고 그녀에게 말했더니, 그녀는 내게 키스를 해주면서 인간이 되면 꼭 왕자와 결혼하고 싶다고 대답했다. 체코의 프리마돈나에게 빗속에서 키스를 받다니, 꿈만 같은 저녁이었다.

프라하의 파블로바 역에서 가까운 드보르자크 박물관에는 악보와 저서, 사진, 기사를 비롯해서 그가 사용하던 피아노, 비올라 등의 악기와 가구가 전시되어 있다. 연주회가 열리는 1층 큰 홀의 천장과 벽은 얀 페르디난트 슈호르J. F. Schor가 그린 아름다운 프레스코화로 장식되어 있다. 1932년에 '아메리카 빌라'라고 하는 대저택을 드보르자크 박물관으로 만들었는데, 바로크 양식의 이 건물은 킬리안 이그나츠 디엔첸호페르가 1717~1722년에 건축한 것이다.

위대한 음악가 야나체크와 마르티누

체코 민속음악의 대가, 레오시 야나체크

체코인들은 국내에서는 물론 해외에서도 언제나 음악을 즐긴다. 체코 가정을 방문하면 악기 한두 개쯤은 있고, 자녀들이 연주하는 모습을 볼 수 있을 정도다.

시카고에서 체코 문학을 공부할 때 체코인들이 야외 공원에서 4분의 1박자로 된 체코나 모라바 민요를 연주하는 것을 즐겨 듣곤 했다. 이들은 아코디언과 바이올린을 켜는 집시 악단을 불러서 노래를 들으며 춤을 추고, 모라바 음식을 즐긴다. 그때 의사이자 교수인 모라바 사람이 나보고 한국 노래를 불러보라고 해서 〈동무들아 나와라〉를 불렀더니, 악단이 금방 멜로디를 연주했고 교수는 체코어로 따라 불렀다. 〈파리가 벽에 앉았네Sedí mucha na stěne〉라는 노래라고 했다. 한국 어린

레오시 야나체크

이의 동요를 어떻게 알고 있는가 싶어서 놀랐더니, 모라바의 민요는 해방 이후 우리나라 초등학교 음악 교과서에 나오는 많은 동요의 멜로디를 제공하기도 했단다. 중부유럽의 민요를 18~19세기 모라바인들이 미국으로 이민 가서 즐겨 불렀고, 이를 미국인들도 따라 부르면서 미국에서 공부하던 일본 유학생들이 일본에서 널리 알렸으며, 일제시대에 한국 유학생들이 일본에서 배워 와서 우리말로 가사를 붙여 교과서에 실리게 된 것이었다.

야나체크는 모라바가 낳은 위대한 작곡가로, 스메타나, 드보르자크와 함께 체코 3대 작곡가로 불린다. 그의 음악은 모라바 민요풍으로, 위대한 체코 및 러시아 작가들의 작품을 오페라로 만들어 세계인의 사랑을 받는다. 리시아의 작가 고골의 작품에 기반을 둔 〈타라스 불바〉, 〈신포니에타〉 등이 유명하다.

야나체크는 1854년 7월 3일, 체코의 모라바 북동부의 폴란드 국경에서 멀지 않은 시골 후크바르디에서 태어났다. 아버지에게시 교

육을 받았지만 어머니도 우수한 음악가여서 어려서부터 민속음악을 들을 기회가 많았다. 야나체크는 브르노의 아우구스티노회 수도원 학교에 장학생으로 입학해서 소년 합창단의 수석 앨토를 맡았고, 졸업 후 집안의 전통에 따라 선생이 되기 위해 사범학교로 갔으나, 음악적 재능을 묻어둘 수 없다는 슐츠의 의견에 따라 오르간 학교에 가게 되었다. 오르간 학교의 과정은 3년이었지만, 1년 만에 그 과정을 끝내야만 했다.

그는 돈을 벌기 위해 비평가가 되어야 했다. 비평가로서 너무 솔직하고 주저 없이 의견을 피력해서, 그것이 문제가 되기도 했다. 자신이 연주한 피아노를 '용서하기 어려울 정도의 연주'라며 익명으로 비판하기도 했으며, 프라하 국립극장의 지휘자로 임명될 카렐 고바조비츠의 오페라에 대해 지독하게 비평하는 바람에 자신의 오페라 〈예누파Jenufa〉의 프라하 상연이 지연되기까지 했다.

브르노, 라이프치히, 페테르부르크, 빈 등지에서 지휘법과 음악이론을 공부한 뒤 브르노 필하모니협회의 지휘자가 되었고, 브르노 오르간 학교를 세워 교장으로 근무했다. 1916년에는 오페라 〈예누파〉가 프라하에서 공연되면서 이름을 떨쳤고, 체코가 독립된 뒤 카렐 대학교에서 명예 박사학위를 받았다.

야냐체크는 민족적 소재를 근대적 음악 어법으로 처리한 점이 특징이며, 프랑스 인상주의의 영향이 두드러진다. 초기 합창곡에 민요를 많이 사용했지만, 민속음악을 연구하기 시작한 것은 1885년부터였다. 원래 보수적인 작곡가였던 야나체크는 연구 활동을 통해 전위적인 운동과 결부시키지 않고 독특한 음악 어법을 창조해서 전개하는 것으로 혁신을 꾀했다.

민족음악 연구의 성과는 피아노나 오케스트라를 위한 『한나 무곡집』과 프란티세크 바르토슈와 함께 수집한 195곡의 『모라바·체코·슬로바키아의 민요집』으로 드러난다. 그러나 가장 널리 알려진 작품은 오케스트라를 위한 『라슈스코 무곡집』이다. 역시 후크바르디 주변에서 유래한 이 무곡집은 프라하에서 상연하면서 성공을 거둔 발레 〈라코슈 라코치〉에 포함되었다.

야나체크의 오페라 가운데 가장 유명한 작품은 〈예누파〉인데, 9년에 걸쳐 완성된 작품으로 몇 번의 개정을 거쳤다. 〈예누파〉는 프라하 국립극장에서 상연된 후 그를 국제적인 작곡가로 만들어주었고, 국민 작곡가로 거듭나게 했다.

1926년에 야나체크는 〈카프리치오〉, 〈신포니에타〉, 〈글라골 미사곡〉이라는 대작을 만들었다. 〈카프리치오〉는 소규모의 피아노 협주곡이지만, 오른손이 없는 피아니스트를 위한 곡으로 그의 작품 중 가장 색다르다. 〈신포니에타〉는 보통 소규모로 편성되지만, 야나체크의 작품은 대규모의 앙상블을 필요로 한다.

1928년 여름, 야나체크는 휴가를 보내기 위해 고향인 후크바르디로 갔다가 감기에 걸린 것이 폐렴이 되어서 8월 12일에 사망했다. 브르노에 있는 야나체크의 박물관에는 그에 대한 자료가 많다.

성당 종지기의 아들, 마르티누

1990년대 말 주한 체코 대사 홉 체이의 부인인 드보르자코바는 피아니스트였는데, 판문점에서 처음으로 남북통일을 기리는 음악회를 개최했다. 북한 경비병이 왔다 갔다 하는 남과 북의 경계선에서 체코 피아니스트는 외국인 사절단을 청중으로 멋진 음악회를 열었다. 그때 연주한 곡 중에는 야나체크는 물론 마르티누의 음악도 있었다.

모라바가 낳은 위대한 작곡가는 야나체크 외에 보후슬라프 마르티누Bohuslav Martinů(1890~1959)도 있다. 마르티누는 체코의 5대 작곡가 중의 한 사람으로, 일생 동안 외지에서 활동하다가 1959년에 고향 묘지에 안장되었다. 그의 작품 중 〈우물의 개통〉은 고향을 찬양하고 있다.

마르티누의 아버지는 폴리츠카 마을을 지키는 성당 종지기였다. 마르티누는 1890년에 성 야콥 성당 탑 속의 작은 옥탑방에서 사방으로 울려 퍼지는 종소리를 들으며 태어났다. 그는 열두 살이 될 때까지 아버지의 품에 안겨 종탑을 자주 오르내렸고, 작은 창을 통해 마을을 한눈에 내려다보며 꿈을 키웠다. 이 전망은 그의 일생에 큰 영향을 끼쳤고 작곡에 많이 반영되었다. 훗날, 그가 높은 곳에서 본 것은 사람들의 조그마한 관심, 보살핌, 상처 또는 기쁨이 아니라 언제나 자신 앞에 펼쳐진 우주였다고 말했다. 남달리 소리에 민감

보후슬라프 마르티누

마르티누의 고향 폴리츠카

했던 그는 아버지가 예배 시간을 알리기 위하여 종을 칠 때면 유심히 귀를 기울였고, 단조로운 소리를 좀 더 음악적으로 만들 수 없을까 하고 궁리하기도 했다. 그만큼 어린 마르티누는 탐구심이 강했다.

마르티누는 조국의 위대한 작곡가 스메타나와 드보르자크, 야나체크보다 더 뛰어난 음악가가 되려고 어릴 때부터 독학을 하다시피 음악 공부를 열심히 했다. 그는 한마디로 자수성가한 음악가다.

마르티누는 초등학교에도 제대로 다니지 못했고, 부모는 폴리츠카의 음악 교사에게 그를 맡겼다. 교사는 그의 재능을 알아보고 작곡을 공부하도록 독려했다. 그래서 작곡가로서의 앞날을 열어준 첫 음악 교사를 일생 동안 잊을 수 없었다.

열여섯 살이 되자 마르티누의 어머니는 첫 바이올린과 현악 4중주곡을 가지고 그와 함께 프라하의 음악 전문가를 만나러 갔다. 한국의 어머니 못지않게 체코의 어머니들도 자식의 교육이라면 열과 성을 다한다. 그해 말, 마르티누는 프라하 음악 학교에 입학했다. 그러나 진급 시험에 낙방해서 학교를 계속할 수 없었고, 음악회를 다니며 독학으로 작곡하기 시작했다. 다행히 그의 작품도 프라하 음악 애호가들로부터 호감을 샀다. 주요 작품에는 오페라 〈인간은 무엇으로 살아가는가〉(1953) 등이 있다. 이는 톨스토이의 철학 소설을 기반으로 하고 있다. 이 밖에도 교향곡, 교향시, 피아노 협주곡, 바이올린 협주곡, 첼로 협주곡 등 많은 작품을 남겼다.

마르티누는 색다른 소재를 음악으로 그렸는데, 〈피에로 델라 프란체스카의 프레스코화〉도 그 중 하나다. 이 관현악곡은 마르티누가 사랑하는 아내와 함께 이탈리아에 머물 때 산 프란체스코 교회에 있는 피에로 델라 프란체스카의 프레스코화인 〈성 십자가 이야기〉라는 작품을 보고 감명을 받아 작곡한 것이다. 〈성 십자가 이야기〉는 간소하고 꾸밈이 없으며 그지없이 숭고하다. 그림처럼 간결한 작곡 기법을 쓰는 마르티누에게는 더욱더 커다란 감명이 아닐 수 없었다. 피에로 델라 프란체스카의 그림들은 기쁨을 느끼게 하는 것들이기 때문에 관현악곡 역시 기쁨으로 충만하다. 멜랑콜리한 슬라브 민족인 마르티누가 낙천적인 라틴 민족인 프란체스카와 교감하면서 오묘한 음악을 낳은 것이다. 음악과 미술의 절묘한 만남이 아닐 수 없다.

영화 속의 프라하, 프라하 속의 영화

프라하는 수십 번을 방문해도 갈 때마다 계절과 시간에 따라 늘 새롭다. 프라하 거리를 걷노라면 때때로 꿈을 꾸는지, 영화 속을 헤매는지 착각에 빠지곤 한다. 그래서 프라하는 초현실주의 예술의 메카인지도 모른다. 20세기 초의 프랑스 초현실주의 시인들, 앙드레 브르통, 아폴리네르 등이 이곳을 좋아한 이유를 알 것 같다.

〈아마데우스〉, 〈미션 임파서블〉, 〈트리플엑스〉 등 프라하는 영화 속에서도 매혹적으로 등장한다. 특히 〈트리플 엑스〉의 초반 20여 분은 카렐교 및 프라하 시 중심을 배경으로 하는데, 주인공들이 식사하는 아름다운 식당은 프라하뿐만 아니라 유럽에서 아르누보 양식의 건물로는 가장 아름답다는 시민회관 1층에 있다.

프라하는 영화인들에게 사랑받는 도시다. 밀란 쿤데라는 프라하 영화예술대학FAMU에서 오랫동안 가르쳤고, 체코가 자랑하는 가장 위대한 영화감독 밀로시 포르만도, 〈아빠는 출장 중〉과 〈언더그라운드〉로 잘 알려진 유고 태생의 세계적인 감독 쿠스트리자도 이곳에서 영화 수업을 받았다. 2001년 3~4월에는 브루스 윌리스와 데미 무어도 이곳에서 영화를 촬영했다. 브루스 윌리스가 프라하 성 밑 말라 스트라나 지역의 옛 궁전을 사서 여름 별장 겸 영화 제작소로 사용하려던 계획은 체코 관료주의로 무산되기는 했지만 말이다.

'체코 신필름 운동'의 선구자 밀로시 포르만은 프라하의 봄이 좌절된 후 미국으로 건너가서 〈뻐꾸기 둥지 위로 날아간 새〉(1975)를 비롯하여 걸작을 발표했고, 페트르 셰퍼의 작품을 바탕으로 한 대표작이자 전 세계 영화팬들의 사랑을 받은 〈아마데우스〉(1984) 등을 제작했다. 영화의 여러 장면은 프라하의 뒷골목, 스트라호프 수도원, 프라하 성 등을 배경으로 한다. 특히 꼬마 모차르트가 지휘하는 장면은 프라하 시 중심에 있는 스타보프스키 극장에서 촬영했다. 이 오페라하우스는 모차르트가 프라하에서 〈돈 조반니〉를 초연하여 음악적인 성공을 거둔 곳으로 유명하다.

그 외에도 프라하를 배경으로 한 영화로는 대통령의 딸인 18세 소녀(맨디 무어)가 유럽 여행 도중 경호원을 따돌리고 영국 청년과 짧

〈미션 임파서블〉에 등장한 프라하

〈트리플 X〉에 등장한 카렐교

은 로맨스를 나눈다는 내용의 현대판 〈로마의 휴일〉인 〈체이싱 리버티〉(2004) 등 수십 편에 달한다.

영화도 즐기고 영화 장면에 나온 프라하 곳곳을 탐방하는 재미도 즐길 만하다. 프라하는 가장 매혹적인 장면을 찍을 수 있는 곳으로 알려지면서, 해마다 많은 영화인들이 찾는다. 또 한국 드라마 〈프라하의 연인〉은 초반 몇 회를 이곳에서 촬영했다. 이 드라마가 상영된 후, 한국 관광객들과 배낭족들이 드라마 속 장면을 찾는 것이 유행하기도 했다.

〈프라하 스토리〉

각기 다른 감독 네 명의 시각으로 바라본 프라하의 인간관계와 사랑에 관한 영화다. 영화 속 네 번의 마침표는 제목과 함께 감독 네 명을 나타낸다. 각자 현재의 프라하를 배경으로 20분가량의 에피소드를 연출했다. 의사소통에 존재하는 희비극적인 징벽과 거리감과 소외감의 힘겨운 극복이 공통적인 주제다.

〈암살자〉

영화 〈암살자Atentát〉는 리디체Lidice 마을 이야기를 기반으로 한 역사 다큐멘터리다. 1942년 2차 세계대전 당시에 프라하에서 나치 점령군 사령관 하이드리히를 암살한 체코의 암살자가 이 마을에 숨었는데, 이에 대한 보복으로 나치는 340여 명의 마을 주민을 모두 사살하고 마을 전체를 파괴했다. 이 불행한 이야기를 그려낸 영화에 수많은 자원봉사들이 협조했다. 오늘날 이 마을에는 희생당한 주민들을 위한 기념탑과 장미 정원이 사라진 혼을 추억한다.

〈새벽의 7인〉

이 영화에 나오는 프라하는 2차 세계대전이 한창인 나치 점령하의 암울한 모습이다. 루이스 길버트가 감독한 〈새벽의 7인Operation Daybreak〉은 하이드리히 암살 사건을 다룬 영화로, 다큐멘터리식 구성이다. 특히 성당 지하실에서 막다른 골목에 도달한 두 주인공이 서로의 머리를 향해 방아쇠를 당기는 마지막 장면은 영화의 하이라이트다.

〈엔젤 역 출구〉

체코의 위대한 작가 야킴 토폴의 소설 『엔젤 역 출구』가 원작이다. 미케스는 야나와 사랑에 빠지지만, 자신 속에 있는 무서운 괴물과 싸우며 힘들게 살아간다. 옛 친구 루카스와 카야가 나타나자, 미케스는 예전에 만들어냈던 체코라는 마약을 다시 시작한다.

〈나는 영국 왕을 섬겼다〉

〈나는 영국 왕을 섬겼다Obsluhoval jsem anglického krále〉는 흐라발이 쓴 동명의 소설을 영화화한 것이다. 1965년 오스카 외국영화상을 받았으며, 이르지 멘젤과 흐라발이 공동으로 시나리오 작업을 하여 만들었다. 영화는 일개 웨이터에서 호텔의 주인이 되었다가 몰락한, 파란만장한 남자의 일생을 회상 형식으로 그린다. 돈 모으는 데 뛰어난 재주를 가졌던 작은 키의 웨이터 디테가 나치와의 전쟁과 체코슬로바키아 공산주의 정권 성립과 함께 성공과 몰락을 거듭하는 과정을 그린 희비극이다.

한 편의 연극 같이 등장한 극작가 대통령 하벨

2001년 프라하 국제 음악 축제의 개막식 날, 시민회관 스메타나 홀의 개막식 기념 공연에는 대통령 하벨이 연극배우 출신인 영부인과 함께 2층 박스석에 앉아 있는 모습이 보였다. 중간 휴식 시간에 사람들과 자연스레 어울리는 모습이 정겨워 보인다. 1992년에 하벨이 한국에 왔을 때 청와대에서 개최된 디너파티 석상에서 만나고 두 번째다. 유학생들이 하는 말로는 프라하 성 주위를 산책하다가 종종 만나서 이야기도 나누곤 한단다. 그는 클린턴이 프라하에 왔을 때, 모든 기자들을 따돌리고 선술집에서 노작가이자 친구인 흐라발과 진한 농담을 나누며 생맥주를 즐기기도 했다. 한국에 왔을 때도 통역을 맡은 푸체크 교수에게 서울 뒷골목에서 생맥주를 마시거나 연극 극장을 가보고 싶다고 말했을 만큼 서민적인 대통령이다.

바츨라프 하벨은 1936년 10월 5일, 프라하에서 엔지니어인 아버지 바츨라프 M. 하벨과 어머니 보제나 바브레츠코바 사이에서 태어났다. 의무교육을 마쳤으나, 프라하의 부유한 집안에서 태어났다는 부르주아 배경과 계급 및 정치적 태도 때문에 고등 교육의 기회를 박탈당했다. 그래서 프라하 고등기술학교에서 화학 실험실 견습생으로, 나중에는 실험 기술자로 일하면서 야간 김나지움에 다녔으며, 1954년 졸업 시험에 합격했다. 그 후 프라하 예술아카데미를 졸업하고 작가의 길로 매진했으며, 1963년 희곡 『정원 파티Zahradní slavnost』로 국제적인 작가가 되었다.

그러나 공산당에 대해 비판적인 내용을 담은 작품을 발표하고 검열을 거부하여, 체코 국내에서는 20여 년 동안 작품 발표를 금지당했다. 대부분의 작품은 사미즈다트라는 지하 출판을 통해 유통되었다. 그와 함께 수많은 동료 반체제 운동가들이 투옥되

바츨라프 하벨 대통령

재야 시절(1988년)의 바츨라프 하벨의 모습

고 활동에 제한받으며 반정부운동을 전개했다. 1977년에 '헌장 77'을 공동으로 기초하며 투옥되었고, 1979년에는 공화국 전복을 기도했다는 혐의로 4년 동안 옥고를 치렀다. 그러면서 그의 희곡을 읽지 않은 사람들도 그를 반체제운동의 상징적 인물로 여기게 되었다.

1989년에 반체제 연합인 '시민포럼'을 조직하여 공산당의 권력 독점 폐지 등을 요구하는 대규모 시위를 주도하여 40년간 군림해온 공산 독재 체제를 무너뜨리는 데 결정적인 역할을 했다. 그러면서 전 국민적인 인물이 되었고, 체코 의회에 의해 비공산당 출신으로 임시 대통령에 선출되었다. 그 전까지는 비밀경찰의 철저한 감시하에 작가로 활동했기 때문에, 소수의 지식인 작가를 제외하고는 국민들에게 전혀 알려지지 않았다. 그래서 당시에 "하벨은 누구인가?"라는 실문이 유행했을 정도다. 1990년에 브르노 길가 사진 전시회에서 반체제 시절의 하벨 사진을 우연히 얻은 적이 있다. 그때 그 사진사가 말하기를, 1989년도 길거리 전시회에서도 그의 사진이 전시되었으나 경찰조차 그의 얼굴을 몰라서 사진이 몰수당하지 않았다고 한다.

1993년에 실시된 선거에서 체코공화국 대통령으로 당선되었고 2002년까지 대통령직을 수행했다. 박식한 지식과 균형 잡힌 이념을 가진 하벨은 정치적 경험 미숙을 훌륭한 통찰력으로 잘 극복하고 있다. 그는 정치를 권모술수 없이도 도덕적으로 잘할 수 있다고 누누이 강조하고 실천하는 양심적인 정치가이자 평화 애호가다.

하벨은 정치가이기 이전에, 체코 현대 문학에서 산문의 거장인 쿤데라, 슈크보레츠키, 흐라발에 이어 희곡 분야에서 독보적인 위치를 차지하고 있다. 그리고 「정치와 도덕심」, 「체코 공산당 서기장 후삭에게 보내는 공개 서한」, 「권력 없는 자들의 힘」, 「언어에 대한 몇 마디의 말」, 「대통령 수락 연설」, 「올가에게 보내는 편지」, 「77 헌장 선언문」 등 수많은 수필에서 한결같이 체코의 특수한 상황을 다루면서도 인류의 보편적인 문제를 제기한다. 그는 중부유럽의 옛 문화적 전통인 독일의 관념주의에 기반을 둔 철학과 문학에 영향을 받고 있다. 그의 창작 욕구는 기본적인 자유를 억압하고 전체주의로 삶의 질을 타락시키는 권력자들에 대한 투쟁에서 비롯되었다. 그는 악에 정면으로 도전하지만, 언제나 비폭력적이며 법의 테두리 안에서 활동하는 인권운동가였다. 그 덕분에 지난 20년 동안 세 차례나 투옥되었으며, 5년간 교도소 감옥에서 보냈고, 몇 차례인가 비밀경찰들로부터 위협을 받았으나 실질적인 고문은 받지 않았다. 공산주의 통치 시절, 무명이었던 반체제 작가인 그의 평범한 5층 아파트는 경찰이 지키고 서 있었지만, 대통령에 취임한 이후부터는 경찰도 없다. 체코에서는 그의 모습이 그려진 우표까지 발행되었다. 2004년에는 한국의 서울 평화상을 수상했고, 해마다 노벨 평화상 후보로 거론되고 있다.

부조리극 『정원 파티』

하벨의 작품은 1960년대 중반 체코 문단의 특징을 드러낸다. 보편 철학적 문제와 문학 기교 면에서 서방 지향적이며, 스탈린주의와 이에 동조하거나 묵인하는 동료 시민에 대한 비판적 태도를 보여준다.

하벨의 작품은 부조리극의 영향을 받아 체코의 사회적 병폐를 고발한다. 초기 대작인 『정원 파티』와 『비망록』이 이를 잘 대변한다. 단막극 『접견』에서는 하벨이 직접 경험한 양조장 맥주통 굴리는 작업을 우스꽝스럽게 풍자한다. 처음부터 끝까지 맥주를 마시며 상관과 부하 직원이 대화(접견)를 하는데, 서로 믿지 못하는 사회의 모습을 꼬집는 동시에 인간 정신의 부조리를 그린다. 그 외에도 『집들이』, 『음모』, 『거지 오페라』, 『산장 호텔』, 『고독한 라르고』, 『유혹』 등의 희곡을 썼다.

하벨의 대표적인 부조리극 『정원 파티』는 후고라는 젊은 청년이 관료주의의 맹점을 이용하여 하룻밤 새에 벼락출세한다는 이야기다. 그러나 극이 진행되는 동안 끊임없이 새로운 환경에 적응하다가 결국 주체성을 잃을 정도로 자신을 파괴시킨다. 극이 끝날 무렵 후고는 부모를 알아보지 못하고, 부모도 그를 알아보지 못할 정도로까지 발전된다. 이 극은 원칙의 결핍으로 비롯된 인간의 타락이란 전통적인 테마에 근거하고 있다. 또한 결핍되고 매우 고상하면서도 복잡한 언어 구조에 의존하며, 인물이 언어의 수단이 된다. 언어는 더 이상 사상을 전달하지 않으므로 내용이 없다. 긴 대화도 계속 되풀이해서 지껄여대는, 미리 고안된 진부한 표현의 나열에 불과하다. 언어가 인간 소외의 징후인 셈이다. 하벨의 독창성이 여실히 드러나는 2~4막은 정치를 강하게 풍자하고, 사회주의 제도의 부조리를 폭로한다.

신조어 프티데페

두 번째 작품이자 대표작으로 평가받는 『비망록』은 언어의 마술사로서 하벨의 진가를 보여준다. 언어에 의한 인간의 노예화라는 주제 면에서 『정원 파티』와 유사하다. 언어가 또다시 중요한 주인공인 셈이다. 드라마의 구조 면에서 '프티데페Ptidepe'의 역할은 중심적이다. 이 신조어는 인물 사이의 갈등을 유발시키고 그들의 운명에 영향을 끼친다. 『비망록』은 광범위한 풍자성을 띠고 있어서, 그로테스크한 관료 기구에 대한 비판은 드러나지만 그것이 가장 중요한 상징적 의미는 아니다. 가장 중요한 것은 스탈린의 사후에 도입된 개혁에 대한 냉소적인 경멸이다. 프티데페처럼 괴상한 것을 배양하고 있는 제도는 변함없이 유지된다. 극은 하나가 해결되니 또 다른 것이 나타나서 다시 시작되는 것처럼 끝이 난다.

카프카와
그의 정신적 고향 프라하

카프카와 프라하

프라하는 세 민족의 문화가 잘 어우러져 독특한 문화를 형성하고 있다. 특히, 20세기 초 프라하의 독일 문학은 세계적으로도 괄목할 만한 현상이었다. 이 시기의 프라하 독일 문학은 릴케에서 바이스코프에 이르기까지 찬란한 세계 문학의 금자탑으로 부상했다. 프라하에서 활동한 유대계 작가들이 많은데, 프란츠 카프카, 프라티세크 랑게르와 이르지 랑게르 형제, 알프레트 푸흐스, 에곤 에르윈 키슈Egon Erwin Kish, 카렐 폴라체크Karel Polaček, 막스 브로트Max Brod, 요셉 코디체크Josef Kodiček, 프란츠 베르펠Franz Werfel, 파벨 아이스너, 얀 우르치딜, 펠릭스 벨슈Felix Weltsch 그리고 프라하의 전설 골렘 이야기를 소설로 써서 유명해진 마이링크 등이 그들이다.

그 중에서도 카프카는 독특하다. 일생 동안 프라하에서 살면서 많은 작품을 썼지만, 『변신』, 『성』을 포함하여 주요 작품에서 프라하나 체코와 관련된 구체적인 언급을 찾아볼 수 없다. 그러나 카프카의 작품은 프라하의 흔적을 확실히 간직하고 있다. 그의 작품을 읽으면, 프라하 거리들, 카프카 광장, 구시가지 광장, 요세포프, 카렐교, 황금소로의 작은 집, 프라하 성의 분위기를 느낄 수 있다. 합스부르크제국이 점점 파국으로 치닫던 프라하의 구시가지는 길모퉁이에서 괴물이 출몰할 것 같은 분위기가 감돌았다. 프라하 구시가지의 좁고 구불구불한 미로 같은 조약돌 골목, 폐쇄된 게토의 흔적, 웅장한 궁전의 모습, 우중충한 교회와 시너고그, 먼지투성이의 오래된 관청 건물 등이 카프카 작품의 고통스럽고도 환상적인 분위기를 형성하는 데 일조했다. 이렇듯 카프카의 모든 작품 세계는 프라하와 함께 용해되어 있으며, 프라하는 무수한 파편으로 산재해 있다. 그래서인지, 한 카프카 연구자인 독일인은 "카프카가 프라하였고, 프라하가 카프카였다"고 말했다. 카프카 문학을 이해하려면 프라하의 문화를 이해해야 한다는 주장도 일리가 있다.

카프카의 소설 중에서 프라하의 도시 모습이 묘사되고 지명이 정확하게 명기되는 유일한 작품은 1904년에서 1910년 사이에 완성된 『어느 투쟁의 묘사』다. 부분적으로 환상적인 느낌을 주는, 어느 겨울 밤 프라하에서의 산책을 묘사한 이 작품은 작가의 자서전적인 성격을 지닌다. 따라서 '카프카와 프라하'라는 주제와 관련하여 특별히 관심을 끄는 작품이다. 이 소설에서는 구시가지 광장의 성모마리아 교회의 탑, 작은 원형광장의 우물, 물레방아 탑, 십자가 기사단 광장, 바츨라프 광장, 페르디난드 가, 블타바 강, 성 프란시스코 교회, 카렐 교, 카렐 골목, 카렐 4세의 동상 등 프라하의 지명과 명소들이 모두 실명으로 표기되고 있다. 이 초기 단편이 지니는 또 하나의 주요한 의미는 이후의 카프카 작품들에서 볼 수 있는 주제와 표현 기법들, 즉 고립, 실패와 좌절, 구원의 시도, 변신과 동물 비유 등이 드러난다는 점이다.

그래서인지 프라하 어디에서든 카프카의 흔적을 쉽게 찾을 수 있다. 시내 한가운데 구시가지 광장에 우뚝 선 바로크 양식의 성 미쿨라시 교회당 옆의 자그마한 터는 카프카 광장인데, 카프카는 광장의 모퉁이에 있는 아파트에서 태어났다. 아파트 문설주에는 그의 오래된 흉상이 걸려 있다. 또 같은 건물에 카프카 전시관이 있어서 각종 기념품을 판매하고 있다. 광장 동쪽의 틴 성당 옆에 있는 아름다운 로코코풍의 킨스키 궁전 2층은 카프카가 다녔던 독일계 김나지움이었고, 1층은 그의 아버지 헤르만 카프카가 가게를 하던 곳이다. 황금소로 22번지는 그가 아버지 몰래 창작하던 누이동생 집이었다.

당시 프라하의 독일 귀족층은 구시가지를 고향으로 여겼으며, 토박이로서 권리를 주장했다. 유대인들도 수백 년 동안 이렇게 주장해 왔다. 그러나 체코인들은 그들의 독립성을 보전하려는 경향이 강했다. 이러한 이유로 구시가지 중심에서는 체코어, 독일어가 혼용되어 사용되었고, 유대교 회당인 시너고그와 기독교 교회가 함께 세워지는 등 화려함과 비참함이 교차되었다. 이러한 현실에서 카프카는 독일 사회에 그를 진입시키려고 강요하는 독재자 아버지의 그늘에서 생활했고, 모든 출구가 막혀 있는 성벽 안에 갇혀버린 듯한 운명을 지녔다.

카프카 생가의 카프카 조각상

카프카의 연인 예센스카

카프카는 1902년에 친구 오스카르 폴라크에게 편지를 썼다. "프라하는 우리들을 놓아주지 않는다. 이 할망구는 맹수의 발톱을 가지고 있다. 비켜가든지 무슨 수를 써야 한다. 우리는 비셰흐라트나 프라하 성에 불을 질러야 한다. 그래야만 이 도시에서 벗어날 수 있을지도 모르겠다." 프라하에 대한 카프카의 감정은 복잡하고 모순된 애증에 가깝다. 카프카는 이 편지에서 프라하가 자신을 짓누르는 답답하고 숨 막히는 도시라고 묘사했지만, 프라하를 벗어나려 한 1차적인 이유는 아버지의 영향과 압력에서 벗어나고 싶었기 때문이었다. 『변신』에서 벌레로 변해 죽어가는 아들에게 폭력을 휘두르는 아버지는 카프카의 아버지를 연상시킨다.

그러나 유대인을 적대시하는 프라하의 분위기도 그에게 고향 도시에 대한 증오심을 심어주었다. "오후 내내 나는 골목길에서 유대인에 대한 증오로 흠뻑 젖어 있다. 한 번은 유대인을 옴 걸린 종족이라고 부르는 소리를 들었다. 그렇게 증오의 대상이 되는 곳을 떠나는 것은 당연한 일이 아니겠는가?" 카프카는 애인 밀레나 예센스카 Milena Jesenská에게 보내는 편지에서 인간의 존엄성은 물론 생존마저 위협받는 상황에서 벗어나고 싶은 자신의 소망을 표현했다. 그에게는 신뢰할 수 있는 사랑스러운 프라하가 아니라 저주받은 도시였다. 그러나 대부분의 유대계 독일인들은 적대적인 환경에 동화되기 위해 처절하게 노력하시 않을 수 없었다. 프라하의 유대계 지성인들은 스스로에 의지하고 몰두한 채, 일반 대중과의 접촉을 피하면서, 도시의 이방인으로서 구시가지의 좁은 골목길에서 자신들의 운명을 고민했다.

프라하에 대한 카프카의 복잡하고 모호한 감정은 프라하가 태어난 고향이고, 그곳에서 소년 시절과 청년 시절의 결정적인 체험을 했으며, 한편으로는 무소속감, 유랑의 상태를 강하게 느끼도록 해준 곳이라는 데서 비롯된다. 그래서 프라하는 카프카가 거듭 동화되려 시도했는데도 끝내 낯선 도시로 머물렀던 것이다.

카프카의 일생

카프카는 1883년 7월 3일, 독일 유대계 체코인으로서 잡화 행상을 하던 헤르만 카프카Hermann Kafka와 부유한 유대계 독일 가문 출신인 율리에 카프카Julie Kafka의 6남매 중 첫째로 태어났다. 그는 구시가지 정육 시장 골목에 위치한 초등학교를 거쳐서 킨스키 궁전 내에 있는 독일어 김나지움을 졸업했다. 김나지움 시절, 카프카는 독일어 수업 시간에 처음으로 괴테, 쉴러, 클라이스트 등의 작가들을 접했다. 카프카는 카렐 대학교에 등록해서 잠시 화학과 독문학을 공부한 후에 법학부에서 법학을 전공했는데, 이때 처음으로 막스 브로트를 만나 진교를 맺었다. 프라하의 독일 대학에서 공부하면서 카프카는 문학에도 관심을 가졌다. 1906년 법학박사 학위를 수여받고 프라하 지방법원에서 1년간 법률 시보 생활을 한 후, 프라하의 노동자 재해 보험회사에 직원으로 채용되어 일하다가 조기 퇴식한다. 열심히 일했지만, 직업 때문에 창작 활동을 할 수 없어서 스트레스를 받았다. 1차 세계대전이 한창이던 이 무렵의 체험은 『변신』에서 충격적인 방법으로 서술되고 있다. 조기 퇴직의 원인이기도 한 폐결핵 진단이 내려지기까지 카프카는 프라하를 떠난 적이 한 번도 없었고, 요양원 입원과 몇 번의 짧은 여행, 그리고 여러 차례에 걸친 단기간의 베를린 체류를 제외하고는 평생 프라하에서 살았다.

따라서 프라하는 카프카에게 중요한 인생의 지표였으며, 당시 프라하의 문화적, 문학적 상황은 카프카와 그의 작품에 드러났다. 카프카의 생가, 그가 다녔던 독일인 김나지움과 카렐 대학, 노동자 재해 보험회사의 사무실 등은 프라하의 구시가지를 비롯한 시내 중심가에 위치하고 있었다. 이 좁은 구역에 내내 갇혀 있었다고 해도 과언이 아니다.

프라하는 자신의 에너지를 일에 쏟아야 하고, 자기를 간섭하고 억압하던 아버지를 비롯한 가족이 머무르던 장소이기도 했다. 특히 엄한 아버지는 아들의 전 생애에 어두운 그림자를 드리웠으며, 그의 작품 속에서도 악령처럼 어른거린다. 그래서 카프카는 프라하를 저주받은 도시로 여겼는지도 모른다. 카프카는 29세 때 아버지의 집을 떠났고, 40세 때 프라하를 떠났다. 1년 후 빈 근교에 있는 키어링의 한 요양원에서 후두결핵으로 사망했으며, 그의 유해는 프라하의 올샨스케 유대인 묘지에 안장되어 있다.

카프카는 사는 내내 거의 모든 상황이 절망적이었다. 그의 막내 여동생은 가스실에서 최후를 맞았다. 카프카도 일찍 요절하지 않았

구시가지 광장의 킨스키 궁전. 왼쪽 첫 번째 로코코 양식 건물의 1층에는 카프카의 아버지가 가게를 가지고 있었고, 2층에는 카프카가 다니던 독일어 김나지움, 현재는 미술관으로 사용 중이다.

다면 여동생처럼 그곳에서 죽음을 맞았을지도 모른다. 카프카와 마찬가지로, 동시대인인 베르펠이나 시카고 출신 유대인 작가 솔 벨로나 헬러 같은 작가도 잠재의식적이고 예언적인 강박관념을 통해 희생양의 주제로 되돌아간다. 프라하에서 고독하게 살아가며 글 쓰는 것을 삶의 조건으로 삼은 카프카는 프라하 유대계 지식인들의 전형이었다.

카프카와 '프라하 서클'

세기말에서 2차대전 전까지 프라하에서는 수많은 독일 작가들이 활동하면서 프라하의 독일 문학을 꽃피웠다. 카프카의 작품에서 볼 수 있듯, 프라하의 독일어는 독특하다. 외국인에게는 프라하 독일어가 더 쉽게 느껴진다. 프라하 독일 문학의 시대는 릴케와 더불어 시작되어 반세기 동안 이어진다. 이 시기에 카프카의 소설, 릴케의 서정시, 베르펠의 시와 소설, 마이링크의 풍자적 단편은 근대 독일 문학 및 세계 문학에 기여했다. 프라하의 젊은 독일 작가들은 체코 문학의 번역과 홍보를 통해 민족의 문화를 세계로 알리는 데 주도적인 역할을 했다. 하셰크, 차페크, 푸치크 등의 작품이 독일어로 소개되면서 체코 문학은 20세기에 들어와서 세계적으로 인정받을 수 있는 계기가 마련되었다. 프라하의 작가들 중에서 특히 카프카와 긴밀한 관계를 유지했던 작가들이 '프라하 서클'에 속한 이들이었는데, 1910년에서 1938년까지 프라하에 있었던 자유분방한 그룹을 말한다. 이들의 공동 관심사는 유대교와 유대인의 정체성, 유대 민족주의 운동 등이었다. 또한 이들은 민주주의와 자유주의를 바탕으로 독일 문화와 체코 문화의 공존을 꾀했으며, 이들의 작품 속에서 프라하 역시 중요한 위치를 차지했다. 젊은 작가들은 프라하라는 정신적 완충 지대에서 독일어, 체코어의 사용, 번역 활동, 독일과 체코의 정신적 유산의 중재 등을 통해 제3의 민족으로서 두 민족 사이에 존재하는 선입견과 편견의 벽을 무너뜨리고 평화를 구축하는 데 크게 기여했다.

    이러한 프라하 서클의 구심점 역할을 한 작가는 카프카의 가장 절친한 친구였던 막스 브로트였다. 브로트는 프라하에 있는 독일 대학생들의 독시 및 연설 동아리에서 카프카와 처음 만났고 우정을 키

워나갔다. 그의 일기에는 카프카에 대한 경탄과 애정으로 가득하다. 특히 브로트는 카프카의 천재성과 언어를 높이 평가하면서, 카프카와 작품의 중요성을 강조했다. 그리고 카프카를 프라하 서클로 이끌었다.

브로트는 독일 문학사에서 카프카와 베르펠 등의 창작 활동을 독려하고 출판을 주선하여 재능 있는 작가들을 발굴한 업적으로 높이 평가받지만, 체코인들에겐 야나체크와 체코 언어극의 홍보자로, 그리고 하세크의 〈슈베이크〉를 최초로 무대에 올린 사람으로 기억된다. 그는 프라하 서클의 작가들 중에서 가장 행동적인 유대 정신의 소유자로서 유대인에 대해 각별했다. 그리고 인종차별을 반대했던 마사리크 대통령이 이끄는 체코공화국에서 시온주의와 독립적인 유대 민족의 이념을 위해 투쟁했다. 이러한 다양한 활동을 통해 그는 프라하의 문학 동호인들이 영감을 얻는 원천이 되었다. 그러나 가장 중요한 업적은 카프카의 유고를 발굴했다는 점이다. 카프카는 친구 브로트에게 생전에 출판되었던 작품을 제외한 모든 작품들을 폐기시켜달라고 부탁했지만, 카프카의 유언을 따르지 않고 모든 작품들을 보존했으며 새로운 유고들을 발굴하고 출판하여 전 세계에 카프카를 알렸다.

카프카가 사망한 이후 1930년대 프라하는 독일 반파시즘 망명 문학의 중심지가 된다. 프라하 서클의 작가들은 망명 작가들에게 여러 가지 조언뿐 아니라 실질적인 도움을 주려 노력했다. 이와 함께 독일 및 체코 예술가들의 공동 작업으로 망명 작가들의 드라마가 프라하의 무대에서 공연되었다. 그러나 1938년 11월에 프라하의 독일극장이 폐쇄됨으로써 프라하의 독일 문화사는 종언을 고했다. 그 후로 프라하 서클의 작가들은 대부분 망명길에 오르지만, 서클의 존립을 완전히 포기한 것은 아니었다. 우호적 관계 및 사상의 교류가 서신이나 작품 활동을 통해 계속 이어졌다. 프라하는 프라하 서클의 작가들에게는 망명지에서도 현실로 작용했으며, 나아가 그들의 본질, 정신적 태도, 문학 창작과 삶을 규정했다. 이들 모두는 그들의 프라하를 마음속에 지닌 채 망명지로 떠났으며, 잃어버릴 수 없는 정신적 고향으로 남겨두었고, 그들의 작품을 통해 이 도시에 기념비를 세워주려 했다. 1946년에 바움과 빈더가 사망한 후 브로트와 벨슈만이 남았지만, 두 사람의 우정은 계속 이어졌고 둘 다 이스라엘에서 시오니즘을 목격했다.

이념에 묶어버린 천재성, 쿤데라

밀란 쿤데라는 체코 작가인가, 프랑스 작가인가? 스웨덴 한림원에서는 어느 나라를 대표하는 작가로서 노벨상을 줘야 할지 혼란스러워했다고 한다. 그는 분명히 체코 출신의 유럽 작가이자, 세계적인 작가다. 그는 체코가 낳은 탈민족주의 작가의 전형이라고 볼 수 있다. 밀란 쿤데라는 유럽의 지도(엄밀히 말하면 유럽 문화권)에서 체코, 폴란드, 헝가리 등이 사라지고 있다고 우려한 적이 있다. 동유럽의 나라들로 불리고 있지만, 사실 그 문화의 뿌리는 러시아가 이끌어온 슬라브권이 아니라 오스트리아, 독일, 프랑스 등을 중심으로 한 유럽권, 그 중에서도 중부유럽의 중요한 문화권에서 비롯되는데, 2차 세계대전 후 공산화된 이래 본래의 문화권에서 격리되는 바람에 그들의 기억에서 사라져가고 있다고 경고했던 것이다. 그러나 쿤데라의 우려에도 불구하고 이들의 언어와 민족 문화는 결코 사라지거나 잊히지 않고 잡초처럼 다시 살아나고 있다.

일전에 체코학 여름 세미나에 참석하고 시간이 남아서 코멘스키의 유적을 찾기로 한 적이 있었다. 코멘스키 박물관이 있다는 우헤르스키 브로트Uherský Brod로 가려면 먼저 우헤르스케 흐라디스체를 거쳐야 했다. 체코 동쪽 중부에 위치한 흐라디스체 시에는 아름답고 넓은 광장과 성당이 있다. 그리고 밀란 쿤데라가 초기 장편소설『농담』에서 묘사한 호텔이 새롭게 색칠되어 반짝였고, 호텔 방에서 주인공이 바라보던 아름다운 첨탑의 성당이 광장의 맞은편에 우뚝 서 있었다. 일요일 오후에 사람들이 광장의 벤치에 옹기종기 앉아서 여유를 즐기고 있었다. 그래서 쿤데라의 소설『농담』을 아느냐고 물었다. 알지만 읽지는 못했다고 한다. 몇 명의 사람에게 물어서야 한 중년 여인이 그 작품을 읽었고, 저쪽의 호텔이 소설의 배경이라고 말해주었다. 그의 작품은 1967년도에 출판되자마자 얼마 안 있어 판금당했기 때문에 체코인들에게 많이 읽히지 못했던 것이다.

밀란 쿤데라는 1929년 4월 1일에 모라바의 도시 브르노에서 어머니 밀라다와 아버지 루드비크 쿤데라 사이에서 태어났다. 그는 피아니스트이며 음악 연구가인 아버지에게서 어릴 때부터 피아노 레슨을 받았고, 카프랄V. Kapral과 하스P. Haas 문하에서 작곡을 배웠다. 그의 많은 작품이 음악적 모티브를 심도 있게 다루고 있는 것은 이러한 교육적 배경 때문이다. 특히 초기 대표작 『농담』에서는 모라바 민속음악을 심도 있게 다룬다. 쿤데라는 1차 세계대전 이후 청년 지식인들이 그랬던 것처럼 공산주의에 강하게 이끌렸고, 1948년 19세 때 공산당에 가입했다. 2년 만에 당에서 쫓겨난 그는 스탈린이 사망한 후 탈스탈린 움직임이 일기 시작한 1956년에 재입당이 허용되었으나, 프라하의 봄이 좌절되자 또다시 당에서 제명되었다. 1960년대 후반기에 그는 지식인들과 함께 비밀경찰이 없고 언론 출판의 자유가 허용되는 사회주의, 국민의 의견이 반영되는 "인간의 얼굴을 한 사회주의"의 건설을 요구했다. 1960년대부터 모교에서 교수로 일하며 〈뻐꾸기 둥지 위로 날아간 새〉, 〈아마데우스〉 등으로 우리에게도 널리 알려진 영화감독 밀로시 포르만 등을 제자로 길러냈다.

쿤데라는 1963년부터 1969년까지 체코작가연맹 중앙위원을 맡았으며, 각종 문학잡지의 편집위원도 겸임했다. 그는 글과 작가연맹 활동을 통해 정부의 검열제 폐지와 체코 문화의 재건 및 유럽의 주류에 합류할 것 등을 주장했다.

쿤데라는 자신의 작품에 '정치적' 의도가 없다고 주장하지만, 그의 정치적, 사회적 경험은 작품에서 드러나는 철학관이나 문학론에 뚜렷이 반영되고 있다. 그의 강한 회의주의와 정치적 신화에 대한 냉소적 비판은 그가 겪은 역사적 사건들이 남긴 환멸의 결과다. 쿤데라의 소설은 "왜 잘 의도되고 준비된 인간적인 정치 운동이 전체주의로 변질되곤 하는가?"라는 질문

청년 시절의 쿤데라

을 던진다. 종교적 충동이 흔히 그러하듯 공산주의는 광신주의를 유발하기 쉬우며, "영원한 평등과 단결의 유토피아를 건설한다는 꿈"을 약속하기 때문이라고 답한다.

결국 프라하의 봄 이후로 쿤데라도 교수직을 빼앗기고 지방 재즈 밴드에서 연주하거나 점성술가로 생계를 이어가야 했다. 나중에 파리의 한 대학에서 초청하여 출국했고, 『웃음과 망각의 책』이라는 소설 때문에 체코 시민권을 박탈당했다. 이 소설 속에는 그가 경험했던 점성술가와 재즈 밴드 생활이 묘사되어 있는데, 수많은 지식인들이 비슷한 일을 겪었다. 1975년엔 프랑스 렌 대학 등에 초청되어 비교문학을 가르쳤고, 1980년 이래로 파리의 대학에서 교수로 재직했다. 그는 미국 문학예술아카데미의 회원이 되었고, 1986년에는 미국 현대언어협회 명예회원으로 선출됐다.

쿤데라는 모든 문학 장르에 손을 댔다. 세 권의 시집을 출판한 그는 스스로 '파괴적 서정주의'라고 부른 경향으로부터 탈출하기 위해 시에서 손을 떼고 평론집을 집필했고, 체코작가출판상을 받았다. 1962년에는 『열쇠의 주인들』이라는 희곡을 썼는데, 이 작품은 곧 유

현재의 쿤데라

럽은 물론 소련, 미국에서도 공연되었다. 또 다른 희곡 『야쿱과 그 주인』은 체코어로 썼지만 본국에서는 출판되지 못하고 프랑스와 미국에서 출판된 뒤 캐나다 등지에서 공연되었다.

그 후 쿤데라는 소설 창작에 몰두했고 단편집 『우스꽝스러운 사랑』을 발표했다. 그리고 『농담』으로 체코는 물론 유럽 전역에서 인정받는 작가가 되었다. 또한 다양한 소설과 작품 활동을 통해 세계적인 작가로 인정받고 있다. 그는 유력한 노벨 문학상 후보자로 매스컴의 관심을 끌 뿐만 아니라, 내놓는 소설마다 세계 문학 비평가의 주목을 받고 있다.

가장 체코적인 작가 보후밀 흐라발

하벨 대통령이 미국 대통령인 클린턴을 데리고 기자들을 따돌리고는 프라하 뒷골목의 '황금 호랑이 선술집'에 있는 흐라발을 찾았다는 일화는 유명하다. 황금 호랑이 선술집에 가면 이 세 사람이 술을 마시던 장면을 찍은 사진을 볼 수 있다.

야한 농담을 즐기는 흐라발은 카프카와 더불어 가장 체코적인 작가로 알려져 있다. 그는 선술집에서의 해프닝을 곧잘 소설로 둔갑시키는 데 천부적 재능을 갖고 있다. 그가 술집에 들어오면 먼저 와 있던 친구들이 "또 우리 이야기를 엿들으러 오는구먼! 소설 나부랭이를 쓰려고 말이지. 술이나 한잔 사라고"라며 말했다고 한다. 나도 이곳에서 흐라발을 두 번이나 만나서 이야기를 나눈 적이 있다. 혼자 가면 만나주지 않아서 동행한 외대 체코어과 여교수를 앞세웠더니 친절히 말을 걸어왔다. 재미있는 사람이었다.

현대 체코 문학을 이해하려면 보후밀 흐라발Bohumil Hrabal(1914~1996)의 작품을 읽어야 한다. 문학과 예술의 도시 브르노에서 태어난 흐라발은 전형적인 국내파 작가로 슈크보레츠키, 쿤데라와 더불어 1980년대 체코 산문의 거두로 추앙받는데, 문학사가들은 흐라발을 가장 높이 평가한다. 흐라발은 『착한 병사 슈베이크의 모험』으로 20세기 초의 체코 소설을 대표했던 하세크과 카프카로부터 영향을 받아 그로테스크하고 우스꽝스러운 것들을 즐겨 묘사하는 유머 감각이 넘치는 작가다.

카렐 대학에서 법률학을 전공한 그는 2차 세계대전 이래 갖은 우여곡절을 겪으면서 다양한 직업을 전전했다. 공증사무소 서기, 철도 역원, 조차계원, 우체국 직원, 제철 공장 노동자, 폐지 수집상, 극장의 소도구 관리인 등 온갖 잡일을 체험하며 숱한 인간 유형과 부딪혔다. 그 결과, 그의 소설에는 사회낙오자, 주정뱅이, 떠버리 등 사회에서 소외받는 계층들의 이야기가 빠짐없이 등장한다. 그는 단편

황금 호랑이 선술집 벽에 있는 흐라발의 초상

집 『밑바닥에 있는 작은 진주』와 『별난 인간들』, 『연장자와 중년을 위한 댄스 교습법』에서 그로테스크한 공상과 화려한 말솜씨로 자신의 존재 가치를 뒤바꿔놓은 괴팍한 주인공들을 등장시킨다. 소설 속에 등장하는 이야기꾼들은 진부한 일상적인 사실들을 허황한 과장 어법을 통해 표현하여 새로운 삶의 진실을 재생시킨다. 땅에 떨어져 발길에 채이며 이리저리 굴러다니는 평범하고 무의미한 조약돌과도 같은 일상의 조그마한 사실들이 이야기꾼들의 변설을 통해 반짝이는 진주로 변하는 것이다.

흐라발은 떠돌이 생활을 하고 있을 즈음인 1940년대에 실험적인 산문을 썼다. 그의 작품들은 1963년에 이르러서야 출판되었고, 그의 이름이 알려지기 시작했다. 프라하의 봄이 좌절되고 또다시 출판에 엄격한 통제가 가해지면서, 흐라발의 작품도 공식적으로 출판되지 못하고 지하로 숨는다. 그러다가 인터뷰 기사가 잡지에 공식적으로 등장한 1975년부터 당국의 검열을 통해 가위질당한 채 출판되었고, 캐나다의 68출판사나 서유럽으로 망명하거나 이민한 출판사를 통해 그의 작품이 그대로 출판되기 시작했다.

보후밀 흐라발

1986년에 소련의 페레스트로이카 분위기 속에 그의 자서전적인 소설 『빈터 혹은 간극』이 체코에서 출판되었다. 그러나 당국은 이 책을 빌미로 72세의 고령인 흐라발을 가택 연금하고, 불온한 작품임을 인정하는 글을 발표하게 함으로써 그를 정신적 금치산자로 만들었다. '자기 땅에서 유배된 자'인 셈이었다. 이 작품과 그 속편이라고 할 수 있는 두 권의 자서전이 출판된 것은 캐나다 68출판사를 통해서였다.

흐라발의 『너무나도 이상한 고독』은 앞서 지하 출판물로 보급된 적이 있었지만, 나중에 반체제 철학자 밀란 얀코비치의 해설까지 붙여 출판되었다. 1990년에 완전한 창작의 자유가 주어진 분위기에서 빛을 본 『11월의 태풍』은 젊은 미국 여성 두벤카와 서신을 주고받는 형식의 산문으로, 흐라발이 미국을 여행하고 느낀 점을 특유의 풍자와 그로테스크한 문체로 묘사했다. 그 밖에도 『영국 왕을 모셨지』 (1975), 단편집 『황금의 도시 프라하를 보고 싶으세요?』(1989), 헝가리의 저널리스트 시제티와 인터뷰를 나누는 형식의 장편소설 『손수건 고리』(1990)등 수십 편의 작품을 계속해서 발표했다.

흐라발의 작품의 언어는 변화무쌍한 구어체를 사용하는 데다 극도로 왜곡된 듯한 느낌을 주는 것이 특징이다. 그래서 그의 작품을 번역하는 역자들은 어려움을 겪는다.

별난 작가의 별난 체코인들

체코의 독자들은 흐라발을 『별난 인간들』의 주인공들과 연관시키는 경향이 있다. 체코어 제목인 '별난 인간들Pabitele'은 신조어로, 소설 내용을 통해서만 정확히 정의할 수 있는 단어다. 작품의 공통된 특징은 모든 주인공들이 개인주의자라는 점이다. 그들은 야망, 권력, 존경, 신념 같은 것에는 무신경하며 목표 의식 또는 물질에 대한 소유욕이 결여되어 있다. 약간은 얼떨떨하게, 그러나 기분 좋은 무정부 상태에서 이상을 영위하는 그들은 신조나 이념은 쉽게 망각한다. 그들은 끊임없는 관심과 친절은 물론 재난도 말없이 받아들인다. 그들의 철학적 태도와 무표정한 반응은 사람들을 미치게 만들 정도다. 이는 공산주의 사회의 경직성에 대해 소극적으로 저항 정신을 표현하는 인간 유형이다.

흐라발의 초기 대표작인 『엄중히 감시받는 열차』는 성을 두려워하는 사춘기의 철도원이 이를 극복하고 독일의 군수 열차를 폭파하여 영웅이 되는 과정을 코믹하게 그렸다. 이 작품은 이르지 멘젤 J. Menzel이 영화화하여 아카데미상의 영광을 누리기도 했는데, 우리나라에서는 〈가까이서 본 기차〉로 잘못 번역되어 소개되었다.

흐라발의 단편은 대개 플롯이 없는 대화체이거나 독백체로 이뤄져 있다. 『연장자와 중년을 위한 댄스 교습법』은 길고 코믹한 독백이 한 문장으로 구성된 특이한 소설이다. 이 작품은 비평가로부터 제임스 조이스의 『율리시즈』 마지막 장에 대한 패러디라고 평가받았다.

흐라발의 독특한 콜라주 기법 문체

보후밀 흐라발의 문체는 독특하면서도 독자가 쉽게 이해할 수 있는 구어체 문장으로 이루어져 있고, 에피소드는 짧고도 간명하며, 언어는 생생하고도 다이내믹하다. 자신의 언어가 직관적으로 강렬하게 전해지기를 바란다. 그가 비슷한 에피소드를 되풀이해 소개하거나, 서로 다른 삽화를 대비시키거나, 우스꽝스럽고 기괴하고 살벌한 이미지를 나열하고 병치시키는 것은 바로 이 때문이다.

그는 독자들에게 자신이 남의 말을 듣고 이를 짜깁기하는 작가, 엄밀하게 말하면 작가가 아닌 술집의 연대기 기자라면서 이렇게 고백했다. "나는 쓰는 작가가 아닙니다. 나는 선술집에서 들은 에피소드를 가위로 오리고, 오려낸 것을 풀로 붙여 콜라주를 만드는 사람입니다."

그래서 흐라발은 "도시의 전설을 자신의 경험으로 걸러내어 쓰는 작가", "프라하 선술집에서 들은 이야기를 콜라주하는 작가"로 불린다. 그가 수많은 에피소드를 오려 붙여 제작한 콜라주는 강력한 이미지를 만들어낸다. 평론가 중에는 그의 문학적 콜라주를 살바도르 달리의 그림이나 앙드레 브르통 같은 초현실주의자들의 작풍에 견주기도 한다.

그에게 있어서는 창작의 첫 황금 시대의 마지막 해인 1968년, 흐라발은 독자들과 가진 모임에서 이렇게 태평스럽게 불평을 늘어놓았다. "이제 볼장 다 봤어요. 술집에서 술을 마시는 사람들은 자신들의 이야기를 듣고 써서 돈푼이나 끌어 모았다는 소문을 들었는지, 내가 술집에 들어갈 때마다 쥐 죽은 듯 맥주만 핥는답니다."

중세 학문의 메카 카렐 대학교

카렐 대학교는 독일 및 슬라브권에서는 최초로 설립된 대학이다. 중부유럽의 학문의 중심지로서 중세의 학문 풍토와 전통을 이어받았으며, 인본주의 사상의 메카로서 유럽 지성사에 한몫했다. 15세기 종교개혁가 얀 후스, 16세기 신학자 헬치츠키, 미국 하버드 대학 초대 학장으로 초빙되었던 17세기의 교육학자 코멘스키, 19세기 역사학자 팔라츠키, 20세기 철학자 대통령 마사리크, 극작가 출신 대통령 하벨 등이 이곳을 거쳤다. 세계에서 문맹률이 가장 낮고 인구에 비해 책의 출판이 가장 많으며 독서가 생활화된 체코 민족의 전통을 이룬 배경이기도 하다.

체코 왕 카렐 4세는 신성로마제국의 황제로 선출된 이듬해에 제국의 수도 프라하를 '동방의 파리'로 만들겠다는 생각에, 파리 대학을 본떠서 1348년 4월 7일에 창립했다. 재정은 순수하게 보헤미아 왕국이 독자적으로 마련했다. 대학의 명칭은 원래 프라하 대학이었으나, 훗날 창립자의 이름을 따서 카렐 대학이라고 명명하게 되었다. 또한 프라하에 위치하고 있기 때문에 프라하 대학이라고 불리기도 하고 카렐의 영어식 표현을 따서 찰스 대학이라고도 한다.

르네상스 최초의 서정 시인으로 이름난 페트라르카가 이 대학을 방문한 것은 14세기 중엽이었다. 15세기 초에는 카렐 대학에 유학하는 학생들의 수가 2000명을 넘었다고 한다. 훗날 이 대학 출신들이 폴란드의 크라쿠프, 오스트리아의 빈, 독일의 하이델베르크, 라이프치히 등지로 가서 대학 창립에 공헌했다.

1402년, 종교개혁가 얀 후스는 체코 국민단의 지지를 받아 총장으로 선출되었다. 영국 위클리프의 교회 개혁론을 받아들여 면죄부 판매 등 가톨릭교회의 부패를 비난하고, 가톨릭 세력과 결탁한 독일인들을 공격함으로써 종교개혁운동을 선도했다. 그 후 카렐 대학은 종교개혁운동과 체코 민족운동의 근거지가 되었다. 총장이었던 얀 예세니우스는 1600년에 최초로 공개 시체 해부, 즉 검시檢屍를 실시하면서 명성을 얻었는데, 오스트리아-합스부르크 왕가의 억압과 반종교개혁에 저항하다가 1621년에 프라하 구시가지의 시청 앞 광장에서 26명의 체코 민족 지도자들과 함께 처형되었다. 지금은 구시청 벽에 그들의 이름이 새겨져 있다.

　　1366년에 설립된 중앙도서관은 280여만 권의 귀중 도서 등 371만 권의 장서를 소장하고 있다. 1654년 이후 독일의 세력이 지배적인 상황에서 대학의 이름마저 카렐 페르디난트 대학으로 바뀌었고 라틴어와 독일어가 주 언어가 되었지만, 19세기 말 민족주의와 민족부흥운동의 영향으로 다시 체코어로 강좌가 개설되기 시작했다. 1918년 체코가 독립국이 되면서 카렐 대학도 진정한 민족 대학으로 자리 매김하게 되었고, 프란츠 카프카, 흐라발 등 위대한 작가를 배출했다. 2차 세계대전 동안 독일의 나치 정권에 의해 대학이 폐쇄되었고, 1948년 공산화 이후 독재 정권이 들어서며 위대한 학자들이 대학에서 축출되었다. 카렐 대학은 '프라하의 봄' 전후로 학생운동의 발상지였으며, 철학부 학생 얀 팔라흐의 분신자살로 소련군의 침공에 항의한 사건은 전 세계가 기억하고 있다. 벨벳혁명도 카렐 대학 철학부 학생들이 주도했다.

　　몇 년 전, 여름학교의 학장이며 역사학자인 쿠클리크Kuklik 교수가 열심히 설명해주었는데, 카렐 대학교 여름학교는 한 달 동안 주중에는 프라하 시내의 주요 역사 유적지를, 주말에는 프라하에서 한두 시간 거리의 역사 유적지들을 관광시켜준다. 여름학교 학비는 1000유로가 약간 넘지만, 숙식까지 해결해주고 주요한 역사 유적지를 돌아볼 수 있어서 오히려 싼 편이라고 할 수 있다. 개인적으로 보러 다니면 한 달간 1000유로 가까이 든다. 체코어도 집중적으로 가르쳐서 한 학기 과정을 배울 수 있다. 매년 전 세계 40여 개국에서 200여 명의 학생이 참여한다고 한다. 체코어를 전공하지 않더라도 체코 문화에 관심 있다면, 체코어도 배우고 문화 유적도 보고 세계에서 온 젊은이들도 사귀고 각종 음악회와 오페라, 전시회들도 즐길 수 있으니, 한 번쯤 등록할 만하다.

체코의 학교 교육

지난 2006년 2월 3일, 체코의 일간지 《리도베 노비니Lidové Noviny》는 중동부 유럽 각국과 주요 도시의 교육 수준에 순위를 매겼는데, 체코는 12개국 중에서 2위를 차지했고 프라하는 71곳의 주요 도시 중에서 1위를 차지했다. 체코 전체 인구의 78.4퍼센트가 중등 교육(한국의 고등학교에 해당) 이상을 마쳤고, 그 중 고등 교육(대학교에 해당) 이상을 이수한 사람이 전체 인구의 9.6퍼센트를 차지했다. 프라하 시민은 전체 인구의 86.4퍼센트가 중등 교육 이상을, 그 중 21.6퍼센트가 대학교 이상의 고등 교육을 받은 것으로 나타났다. 체코인들의 높은 교육 수준은 경제 수준 향상과 문화 발전으로 이어졌다. 체코는 1차 세계대전 이전부터 교육열이 높아서 문맹이 거의 없었던 국가로, 1901년 미국에서 행해진 해외 이민자 조사에서도 체코인들의 문맹률이 가장 낮았다고 한다.

아이들은 세 살부터 유아원이나 유치원을 다니고, 여섯 살이 되면 의무적으로 정규 교육을 받는다. 초등 교육은 9년 과정인데, 5년은 우리의 초등학교에, 4년은 중학교에 해당된다. 예술적 재능을 보이는 학생들은 다시 음악이나 미술 등 예술 교육을 전문적으로 받는다.

9년간의 초등 교육을 마치면, 중등 교육 기관에 입학한다. 가장 일반적인 학교는 우리의 인문계 고등학교에 해당되는 김나지움Gymnazium으로, 4년 과정이다. 김나지움을 선택한 학생들은 대학 입학을 목표로 하는데, 이 과정을 마치면 마투리타Maturita라는 졸업 시험을 치른다. 시험을 통과해야만 입학시험을 치를 자격이 주어지고, 다시 지원하는 해당 대학의 학과에서 치르는 입학시험을 통과해야 대학에 입학할 수 있다.

중등 전문학교는 4년제로, 기술이나 실용적인 학문을 가르친다. 예술계 고등학교도 포함되는데, 4년 과정을 마친 학생들은 김나지움 졸업생과 마찬가지로 마투리타를 볼 자격이 주어지고 이를 통과하면 대학 입학시험을 치를 수 있다. 그러나 4년 과정이 아닌

2년 혹은 3년 과정을 밟을 경우에는 마투리타를 치를 자격이 주어지지 않는다.

중등 직업학교는 기술을 익히는 데 중점을 두는 교육기관으로, 2년제, 3년제, 4년제로 나뉜다. 역시 4년 동안 정규 교육을 받으면 마투리타를 칠 수 있고 고등 직업학교 등 일종의 전문대학에 입학할 수 있다.

고등 교육기관은 고등 직업학교와 대학교로 나뉘는데, 중등 전문학교나 정규 4년제 직업학교를 졸업하고 마투리타 시험에 통과한 학생들이 입학할 수 있다. 고등 직업학교는 2년이나 3년 반 과정이 있다. 과정을 이수한 학생들이 졸업 시험을 통과하면, 해당 분야의 전문가임을 증명하는 'Dis.'Diplomovaný specialita라는 학위를 받는다. 세탁업, 이발업, 호텔 서비스업, 관광 안내업 등의 직업은 전문 자격증이 있어야 영업할 수 있다. 대학교는 일반적으로 3~4년간의 학사 과정Bc.과 4~6년간의 학·석사 통합 과정Mgr. Ing으로 구분되며, 졸업 시험과 논문을 통과하면 박사 과정Ph.D. 혹은 Sc.D.에 입학할 수 있다.

체코는 전문대학 이상의 고등 교육 기관에서 과학, 기술을 전공한 학생의 비율이 유럽에서 가장 높은데, 전문대학 이상의 학위에서 과학과 엔지니어링 분야가 차지하는 비율은 28.7퍼센트에 달한다. 제조업, 서비스업 비중이 중부, 동부유럽 국가들이나 유럽 평균에 비해 월등히 높으며, 기업들의 기술 개발 투자 비율도 다른 국가에 비해 상당히 높은 편이다.

최근 들어서는 외국어 교육도 강조되는데, 초등학교에서는 영어를 교육하는 비율이 월등히 높고 중등 교육기관 이상에서는 독일어를 많이 배운다. 대학생들의 76퍼센트가 한 가지 이상을, 그리고 24퍼센트는 2개 국어 이상을 공부한다. 몇 개 국어를 구사하는 지에 따라 취업이나 승진에 유리하게 작용하는데, 3~4개 국어를 구사할 수 있는 사람을 흔히 볼 수 있다.

정확하고 합리적인 민족성

체코의 식당이나 카페, 술집에 갔을 때 바로 옆 테이블에서 주문을 받는 웨이터를 보면 답답할지도 모른다. 다른 테이블에서 주문을 받고 난 뒤 사라지면, 언제 다시 올지 알 수 없다. 그렇다고 목소리를 높이거나 손을 흔들며 웨이터를 부르는 것은 에티켓이 아니다. 처음에는 "옆 테이블에서 주문을 받고 곧바로 이쪽의 주문을 받으면 훨씬 빠르고 힘도 덜 들 텐데"라고 생각했다. 웨이터는 옆 테이블의 주문을 받아 이를 주방에 전달하고 나이프와 포크를 테이블에 가져다주고 나서야 이쪽으로 온다. 그리고 다시 주문을 받아 이를 전달하기를 반복한다.

참 답답하다. 한꺼번에 주문 받아서 한꺼번에 전달하면 훨씬 빠르게 식사를 준비할 수 있다고 말해주고도 싶다. 수십 번 체코에 갔지만, 옆 테이블과 동시에 주문을 받은 경우는 단 한 번도 없었다. 그러나 이제는 한 테이블씩 주문을 받으면 주문한 내용을 틀리지 않고 정확히 전달할 수 있으며, 도착한 순서대로 주문하고 식사하는 것이 당연하다고 생각하게 되었다.

흔히 주재원들이나 현지에서 사업하는 사람들은 체코인들이 게으르며 일에 대한 책임감이 없다고 평가하기도 한다. 그리고 아직까지도 체코인들의 삶에는 공산주의의 잔재가 남아 있다고 여긴다. 어느 정도 사실이지만, 체코인들의 변화는 빠르게 진행되고 있다.

체코에서 공산 정권이 무너진 지 고작 20년 정도가 지났다. 그래서 그런지 아직까지도 공산주의의 유산이 남아 있으며, 쉽게 사라질 것 같지도 않다. 그러나 게으름과 무책임에 대한 기준이 무엇인지 생각해볼 필요가 있다. 다른 직원보다 일찍 출근하고 늦게 퇴근하며, 점심시간을 쪼개서 일에 몰두하고, 자신이 맡은 일을 끝냈을 경우 다른 일을 찾아서라도 해야 하는 한국식의 부지런함이나 책임감을 기준으로 삼는다면, 체코인들은 게으르고 책임감이 없다.

그러나 체코인들의 입장에서 볼 때, 일찍 출근하고 늦게 퇴근하는 것은 업무 능력이 떨어진다는 것을 의미한다. 업무 시간에 일을 다 끝내지 못했다고 생각하는 것이다. 이들에게는 정해진 규정 속에서 계약한 대로 업무 내용을 해내는 것이 부지런하고 책임감 있는 것이다. 업무 시간 이외에도 일한다면 초과 근무이므로 당연히 초과 근무 수당을 받아야 한다. 수당도 받지 않고 초과 근무를 한다면 무능하다는 뜻이다. 물론 체코에서는 초과 근무 시간도 법으로 정해져 있어서, 일정 시간 이상 근무할 수도 없다.

또 체코인들이 한 번에 몇 가지의 일을 수행하는 능력이 없다고 불평하는 사람도 있는데, 멀티플레이어를 요구하는 우리나라의 기업 문화에 비추어 보면 체코인들의 업무 수행 능력은 떨어지는 것 같다. 흔히 우리나라 사람들은 한 번에 여러 가지의 일을 동시에 수행하지만, 체코인들의 경우는 한 번에 한 가지 일만 한다. 한국의 문화에 비추어 본다면, 체코인들의 행동이 비효율적으로 보일 수도 있다. 그러나 체코인들은 동시에 몇 가지의 일을 수행하기보다는 한 번에 한 가지씩 하는 것이 불량률을 줄일 수 있어서 결국은 생산성과 효율성의 측면에서 더 유리하다고 생각한다. 이렇듯 정확성 또는 완벽성이 습관처럼 몸에 배어 있다. 한마디로 완벽주의자의 나라다.

체코에서 지켜야 할 기본적인 에티켓은 우리나라와 비슷하다. 그러나 사소한 에티켓은 우리와 다르다. 체코에서 무엇보다도 중요한 에티켓은 자신의 기준에 따라 다른 사람들의 문화와 삶을 재단하지 말고, 그들의 삶의 방식 그대로를 인정하는 것이다. 체코인들과의 관계에서는 그들의 생활방식을 이해하고 다문화적인 태도를 취해야 한다. 그런 시각을 가지고 있다면 사소한 에티켓은 지키지 않더라도 큰 문제가 되지 않는다.

체코 교육의 아버지, 코멘스키

코멘스키는 1592년 3월 28일에 체코공화국의 모라바 지방에서 태어났다. 그가 태어난 장소로 알려진 곳은 세 곳으로, 프라하에서 서남쪽으로 약 250킬로미터 떨어져 있는 프르제로프 시에서 5킬로미터 반경 내에 위치한 우헤르스키 브로트, 니브니체, 콤니아다. 그리고 세 도시 모두 코멘스키의 고향으로 기념하고 있다.

프라하에는 코멘스키 교육 박물관이 있다. 어느 일요일 오후에 혼자서 말라 스트라나 광장에서 멀지 않은 발트슈타인 궁전 옆에 있는 코멘스키 교육 박물관을 방문하여 자료를 관람했다. 조촐하고 소박하지만 완벽한 르네상스 건물이 인상적이었다. 친절한 할머니의 안내로 코멘스키의 일생을 다시 한 번 조명할 수 있었다. 안내자는 한국에서 가끔씩 찾아오는 사람이 있다면서 방명록을 보여주었다. 주로 한국의 교육학자들이었다. 위대한 교육학자로서 코멘스키는 영원히 살아 있다는 것을 실감했다.

코멘스키 교육 박물관은 주로 체코의 초등학교와 중등학교 어린이를 위한 산 교육의 장이다. 프르제로프 코멘스키 박물관과 더불어 코멘스키에 대한 자료를 디지털화해놓아서 그에 대한 자료를 검색할 수 있고, 구입도 할 수 있다. 프라하에 있는 코멘스키 교육 박물관은 학교 교육과 교육학에 대한 박물관으로는 보헤미아와 모라바에서 가장 오래된 것으로, 창립된 지 100년이 넘었다. 15만 종의 전시품을 넓은 공간에 전시하고 있다. 진기한 고문서, 귀중한 옛 사진들, 코멘스키에 대한 저서, 인쇄물, 전문서, 원고 및 교육 관계 잡지들이 있다.

안내자는 코멘스키가 지금으로부터 400여 년 전인 17세기에 오늘날 이성적인 나라들이 추구하는 세계 평화를 위한 새로운 교육 사상을 정립했다고 강조했다. 근대 교육에 있어서 코멘스키는 근대 과학에서의 코페르니쿠스와 뉴턴, 근대 철학에서의 베이컨과 데카르트와 동일한 위치를 차지한다고 말했다.

지폐에 들어갈 정도로 체코인들에게 존경 받는 코멘스키

코멘스키에 의하면 교육은 한 개인의 일이 아니라, 사회, 국가, 나아가서는 전 인류의 더 나은 삶에 관한 것이다. 교육에 대한 사명감을 바탕으로 그는 전 국민을 대상으로 하는 공영 학교 체계를 모색했다. 출생부터 만 6세까지는 모친 학교Schola materna, 만 6세부터 12세까지 모국어 학교Schola vernacula, 12세 이상 18세까지 라틴어 학교Schola latina, 18세 이상 24세까지 6년제 대학Academia이라는 4단계의 학교 계통을 세웠다. 특히 교육에 대한 어머니 역할의 중요성을 강조하여 모친 학교라고 이름 붙였다. 모국어 학교는 마을 단위로, 라틴어 학교는 지방이나 도시 차원에서, 대학은 국가 차원에서 공금으로 운영되어야 한다는 행정적 체계도 세웠다.

코멘스키는 교육 앞에서 만인이 평등하며 그 내용은 전인 교육이어야 한다고 강조했다. 300여 년이 지난 뒤에야 서구에서 본격적으로 논의되었던 여성에 대한 교육과 그 중요성은 이미 코멘스키가 강조했던 것이다. 남녀의 구별 없이 교육을 받도록 했던 것이나, 빈부나 신분의 격차에 따른 교육을 지양하고, 전인적 인성을 함양하는 교육을 지향했다는 사실은 몇 세기나 앞선 선구적 시도였다고 볼 수 있다.

"단지 부자나 권력자의 자녀들뿐 아니라, 귀족이나 평민이나, 부유한 자나 가난한 자나, 남자아이들이나 여자아이들이나, 모든 도시와 마을에 사는 모든 어린이들이 동등하게 학교 교육을 받을 수 있어야 한다. 첫째로 인간으로 태어난 누구나가 인간이 되도록 지음을 받았기 때문이고, 두 번째로 하나님 안에서 인간은 차별이 없기 때문이다. 단지 몇 명만 교육시키고 다른 아이들은 배제시킨다면, 인간에게 불의를 저지르는 것일 뿐만 아니라 하나님에게 불의를 행하는 것이다. 셋째로 우리는 인간이 무엇을 위해 예정되

없는지 알 수 없기 때문이다. 하나님은 지극히 가난한 자, 가장 멸시당하는 자와 가장 볼품없는 자들에게서 그의 영광을 드러내는 특별한 도구를 만드신다."

당시에 혁명적인 교육론을 편 코멘스키는 위대한 교육자였다. 또한 『세계 최초의 그림 교과서』는 오늘날 유행하는 그림을 이용한 외국어 교재보다 앞서 선구적인 방법을 사용하여 외국어를 교육시켰다는 것을 보여준다.

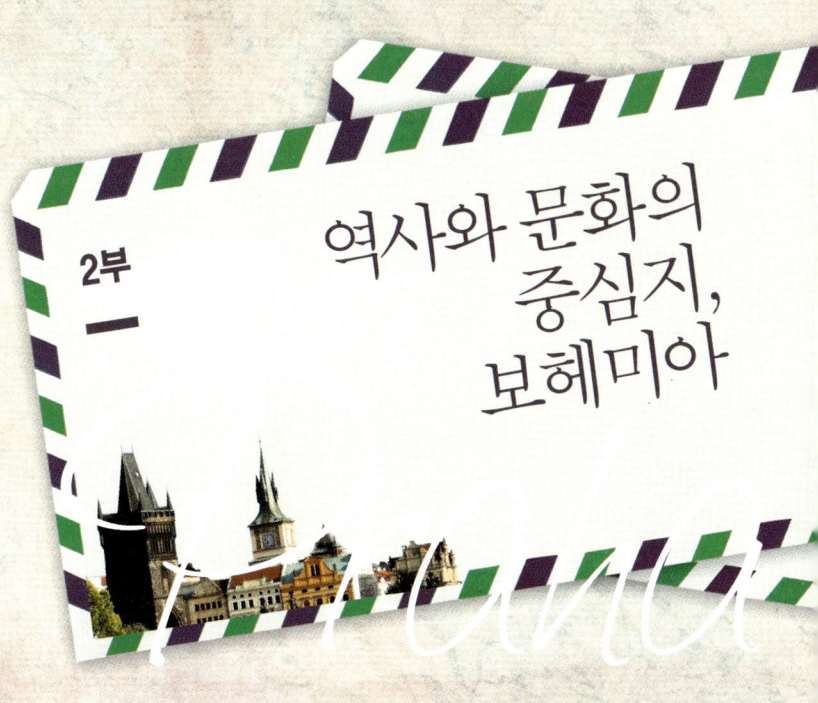

2부 역사와 문화의 중심지, 보헤미아

가장 체코다운 곳, 체코의 역사이자 문화의 중심지,
보헤미아는 체히라고도 불린다. 체코의 심장이자 핵심인 보헤미아는
보헤미안들의 고향이기도 하다.

조금만 시선을 돌리면 나타나는 황홀경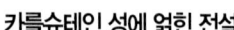

카를슈테인 성에 얽힌 전설

프라하 도시를 즐기고 시간적인 여유가 있다면, 시내를 벗어나보자. 계절에 따라 끝없는 농지나 벌판에 피어나는 꽃을 감상하는 재미도 쏠쏠하다. 프라하에서 차를 타고 성으로 가는 길에 있는 바위 절벽 아래에는 한여름에도 얼음처럼 찬 물이 흘러서 많은 사람들이 피서를 즐기곤 한다.

카를슈테인Karlštejn 성에 가려면 프라하 스미호프 역에서 기차를 타고 30분쯤 가다가 카를슈테인 마을에서 내리면 되는데, 관광용 마차를 타고 높은 언덕 위의 성을 오르면 황제가 된 기분이다. 카를슈테인 성은 프라하 남서쪽으로 약 30킬로미터 떨어진 크네지 호라 산상에 있는 성으로, 체코에서 가장 화려한 중세 고딕 양식의 성이다. 보헤미아 왕이었던 카렐 4세가 신성로마제국의 황제로 취임하고 나서 건설했는데, 처음에는 프라하 왕궁의 보물들을 보관하기 위한 요새로 쓰였지만 나중에는 역대 왕들의 여름 별장으로 사용했다. 작은 탑과 대탑을 연결하는 나무 통로는 비상시에 대탑의 보물을 보호하기 위해 만들어졌는데, 종교전쟁 때나 스웨덴 침공 시기에도 대탑은 한 번도 점령당하지 않았다고 한다.

전설에 의하면, 카렐 황제는 처음에 이 성에 여자가 들어오지 못하도록 했다. 그러나 폴란드에서 온 젊은 부인은 황제와 남자 신하

들만 모여서 무엇을 하는지 궁금해했고, 몇 달이고 남편을 못 보게 되자 그리워했다. 그래서 웨이터 복장을 하고 성에 들어가서 황제의 테이블에서 시중을 들었다. 그 중 젊은 대신이 남장한 황후를 예쁘다며 희롱하는 것을 보고, 황제는 부인이 대신들의 노리갯감이 될 것을 염려하여 그다음부터 황후를 비롯한 부인들의 출입을 허락했다고 한다. 이 전설은 19세기의 유명한 작가 브흘리츠키가 희곡 『카를슈테인 성에서의 하룻밤』에서 잘 묘사했으며, 이는 영화, 오페라와 뮤지컬로 만들어졌다.

코노피슈테 성의 화려함

프라하에서 남동쪽으로 40킬로미터 떨어진 코노피슈테Konopiště 성은 오스트리아의 마지막 대공 페르디난트가 30여 년간 거주했던 곳이다. 그는 체코 시골 처녀였던 아름다운 부인 소피에 호테코바 Sophie Chotekova와 결혼하여 삼촌인 황제의 노여움을 샀고, 후계자로 지목되고도 왕위를 물려받지 못했다. 그래서 전 세계를 돌아다니며 사냥을 즐겼다. 그러다가 사라예보에서 세르비아 청년에 의해 암살되었고, 결국 1차 세계대전이 발발하는 원인이 되었다. 체코 사람들은 사냥광이자 수집광인 그가 30만 마리의 동물들을 죽인 죄로 황제의 직위에 오르지도 못하고 총에 맞아 죽었다며 비아냥거리곤 한다. 그의 죽음은 체코의 위대한 반전 작가 하셰크의 『착한 병사 슈베이크의 모험』 도입부에 잘 묘사되었다.

성은 13세기에 지어졌지만, 현재 해자를 두른 성은 19세기 후반에 만들어졌다. 바로크 시대에 건축가 프란티세크 칸카František Kanka가 재건한 것이다. 성에 들어가려면 곰이 지키는 출입구 다리를 건너야 한다. 페르디난트 대공이 전 세계를 돌아다니며 사냥해서 수집한 동물들의 박제가 1만 점이 넘고, 각종 무기, 갑옷, 투구, 예술품 그리고 성에서 사용하던 도자기 등이 상상을 초월할 만큼 많다.

베들레헴 박물관

프라하에서 동쪽으로 한 시간 반 거리의 흐라데츠 크랄로베Hradec Kralove 시 근교의 소도시 트레호비체Třechovice에 위치한 박물관에 가면 구유 속의 아기 예수에 관한 이야기를 재현한 2000여 개의 작은 나무 조각을 볼 수 있다. 이러한 조각은 15세기 이탈리아에서 유래되어 보헤미아와 모라바 및 슬레스코에 퍼졌다. 프라하에서는 1562년 제수이트 교회에 처음 만들어졌고, 18세기 요세프 황제 2세 때 전국적으로 장려되었다. 19세기에는 조각 만들기가 유행이 되었고, 20세기 초에 최고조에 달했다.

트레호비체의 아기 예수 조각은 요세프 프로보슈트J. Probošt, 요세프 카프치안J. Kapcián 및 요세프 프리믈J. Friml의 작품이다. 373명의 인물이 묘사되어 있으며, 51명은 인간의 행동을 흉내 내고 120명은 벨트 위에서 움직인다. 원래는 인간의 손으로 작동되었는데, 1935년에 작은 엔진을 달았다. 이와 유사한 예루살렘 조각상은 체코의 서부 소도시 수시체에도 있다.

카렐 4세가 보물과 중요한 문서 등을 보관하기 위해 만든 장소였지만,
자연경관이 아름다워서 여름 별장으로 사용되기도 했다.
가이드와 함께 돌아볼 수 있으며, 영어로도 진행된다.

체코의 파라다이스

체코는 비옥한 저지대에서부터 가파른 산비탈에 이르기까지 다양한 종류의 경치를 보여준다. 그래서 하이킹, 사이클링, 수상 스포츠 등 모든 스포츠가 펼쳐진다. 암벽 등반가들은 높은 바위와 깊은 협곡의 천연 미로가 펼쳐져 있는 사암 바위 지대에 끌린다. 바위 하나의 높이가 100미터에 이르는 장소들 중 가장 유명한 곳으로는 체스키 라이Český Ráj, 체스케 슈비차르스코České-Švýcarsko, 안드르슈파슈코 테플리츠케 스칼리Adršpašsko-Teplické skály 등이 있다.

프라하의 북동부에 위치한 체스키 라이는 가장 경치가 좋은 곳으로 널리 알려져 있다. '보헤미아의 천국'으로 불리며, 장엄한 성, 그림 같은 작은 마을과 뛰어난 건축 유물도 풍부하다. 트로스키Trosky의 옛터인 이 지역을 상징하는 두 개의 원뿔 모양의 화살 바위를 기초로 한 중세풍의 성 유적도 있다.

체스케 슈비차르스코의 천연 기념물인 거대한 '천국의 문'은 유럽에서 발견된 것들 중 가장 거대한 바위 다리다. 안드르슈파슈코 테플리츠케 스칼리의 각각의 구조물에는 '연인들', '시장市長과 시장의 아내', '크라크노슈의 이빨' 등 낭만적인 이름도 붙어 있다. 인공 폭포를 감상할 수도 있고, 바위 미로 속에 숨겨진 작은 호수에서 경치를 즐길 수도 있다. 트래킹하기에 좋은 천혜의 코스가 등산객들을 끌어들인다.

쿠트나 호라에서 떠나는
중세로의 시간 여행

2011년 여름, 서보헤미아 대학의 이르지 예제크 교수와 프라하에서 차를 몰고 한 시간 만에 이 중세의 세계로 접어들어 역사적인 도시에 도착했다. 예제크 교수가 서울에 왔을 때 고향인 영주와 안동 등의 유적지를 보여주었더니, 자신의 고향인 쿠트나 호라Kutná Hora를 꼭 보여주고 싶어 했던 것이다.

쿠트나 호라는 프라하에서 동쪽 방향으로 60킬로미터 떨어진 곳으로, 체코의 중세 문화를 즐길 수 있는 문화유적 도시다. 쿠트나 호라는 중세 때 한 수도승이 은광 원석을 발견하고 그 위에 두건kutna을 덮어씌웠다는 전설과 kutat라는 단어에서 유래되었는데, '광석을 캐내다'라는 의미가 있다고 한다. 즉, 은광을 캐내는 산이라는 뜻이다. 14세기 말에 바츨라프 4세가 이곳에 머물면서 도시가 발전했는데, 이미 13세기부터 은광이 발달했다. 은광 덕분에 체코 왕국은 큰 부를 쌓고 세력을 떨쳤다. 카렐 4세 등이 공식적으로 사용한 은전인 그로셴groschen이 이곳에서 만들어졌다. 현재도 관광객을 위해 옛날식으로 은전 만드는 것을 재현하고 있고, 기념품으로 구입할 수 있다. 또한 옛 귀족들이 살았던 거대한 건물 안에서는 전시회를 개최한다. 건물도 볼거리가 많지만 각종 그림, 조각 등 전시회도 볼만하다. 아름답고 장엄한 고딕 성당으로 가는 길 왼쪽의 계곡 비탈에는 포도밭이 있는데, 포도가 익는 11월이면 포도 축제를 개최한다.

이 도시를 상징하는 것은 14세기 고딕 양식의 성 바르보라 성당 Kostel Svaté Barbory과 성 야쿱 성당Kostel sv. Jakuba이다. 성 바르보라 성당은 규모가 거대하고 화려하며 거대한 내부 장식으로 보는 이의 눈을 어지럽게 한다. 체코는 중세부터 왕국과 영주들의 세력으로 수많은 성곽과 성당을 세웠는데, 전쟁을 겪고도 남아서 후세에게 그 찬란한 문명과 역사를 전해준다. 체코는 유럽에서도 고딕 양식과 바로크 양식의 건축물이 가장 잘 보존된 나라라고 한다. 덕분에 1995년 쿠트나 호라 시 중심부와 성 바르보라 성당과 세들레츠의 성모몽소승천 성당이 유네스코 문화유산에 등재되어 세계인들의 발길을 끌어 모으고 있다.

이 도시의 또 다른 볼거리는 13세기 후반 블라슈키 궁정에 있었던 화폐주조국, 카멘니 대저택과 크니제치 대저택 등 역사적 가치가 있는 건물이다. 크니제치 대저택에는 한때 연금술사들이 머물렀고, 광산업과 관련된 흐라데크 성과 방어용 성벽이 아직도 남아 있어서 중세 광산업과 은광에 대한 것을 한눈에 볼 수 있는 박물관으로 사용되고 있다.

다른 종교적인 건물로는 대주교의 대저택, 라틴어학교, 세들레츠 수도원 성모몽소승천 성당Chrám Nanebevzetí Pany Marie이 있다. 이 성당은 체코뿐만 아니라 중부유럽 전체에서도 고딕 양식으로는 가장 오래된 역사를 자랑한다. 스테인드글라스는 없지만 날렵한 창문들, 버팀벽 없이 높이 치솟은 실루엣 등이 준엄함과 간소함을 자랑하는 시토 수도회(11세기 프랑스에서 시작된 수도회)의 원칙에 잘 부합하고 있다. 이

체코를 대표하는 후기 고딕 양식의 성 바르보라 성당은 쿠트나 호라를 상징하는 건축물이다.

유네스코 문화유산에 등재된 성모몽소승천 성당

성당은 길이가 87미터나 되고 라틴 십자가 형태를 하고 있다. 위대한 화가 브란델P. Brandel, 빌만M. L. Willmann, 리슈카J. K. Liška 등과 조각가 야크켈 등의 작품들로 장식되었다.

세들레츠의 해골 교회Kostnice Sedlec는 더욱 볼거리가 많다. 해골 교회는 13세기에 수도원의 묘지를 확장하는 과정에서 예수가 못 박힌 골고다 언덕에서 가져온 흙을 뿌린 데서 유명해졌다. 체코뿐만 아니라, 폴란드, 바바리아, 벨기에 등지에서도 죽은 자들을 이 성스러운 곳에 묻고 싶어 했고, 흑사병과 전쟁으로 인한 사망자가 속출하자 묘지는 너욱 확장되었다. 그러나 묘지의 일부분이 파괴되자 한

세들레츠 해골 교회의 천장의 샹들리에

수도승이 수많은 해골과 뼈를 교회 안으로 모았고, 여섯 개의 피라미드 형태로 쌓아 올렸다. 교회 내부의 제단, 샹들리에, 성인들의 상은 모두 수만 개의 인간의 뼈로 만들어졌다. 체코인들의 손재주도 대단하지만 아이디어도 독특하다. 성당 내부가 온통 해골과 뼈로 되어 있는데도 무서운 생각이 안 나는 것이 특이하다. 체코는 어디를 가나 상상을 초월하는 조형물과 이에 얽힌 이야기가 넘쳐난다.

세계 최대의 필사본 『코덱스 기가스』

『코덱스 기가스Codex gigas』는 유럽에서 현존하는 중세의 필사본

악마의 성경 『코덱스 기가스』

중 규모가 가장 큰 것으로, 체코 남쪽 흐루딤Chrudim 근교의 포들라지체Podlažice의 베네딕트 수도원에서 만들어졌다. 책이 하도 커서 두 사람이 힘을 모아야 들 수 있을 정도다. 책 안에 중세인들이 생각한 악마의 그림이 있어서, 일명 '악마의 성경D'ablova bible'이라고도 불리고 있다. 『코덱스 기가스』는 금속으로 치장된 가죽을 입힌 나무 상자에 보관되어 있다. 원래 320장으로 160마리의 동물의 가죽이 사용되었다. 320장 중 여덟 장은 떨어져나갔다고 한다. 왜, 누가 떼어냈는지는 확실치 않으나, 베네딕트 수도원의 규율이 기록된 것으로 추정된다.

이 책이 만들어진 수도원은 신교를 주장하던 후스파의 전쟁으로 15세기에 파괴되었다. 『코덱스 기가스』는 세들레츠의 수도원 시토 수도회에 대한 맹세로서 전해졌다. 그리고 그 후 대수도원장 바보르에 의해 프라하 브르제브노프Břevnov 수도원의 베네딕트회에서 구입했다. 브로우모프Broumov의 수도원 도서관에 보관되었다가, 1594년 루돌프 2세의 컬렉션으로 프라하 성으로 옮겨졌다.

1648년, 스웨덴 군대가 프라하를 침공했을 때 루돌프 궁전의 보물 창고에서 이 책을 가장 먼저 가져갔다고 한다. 그 후 스톡홀름 스웨덴 왕립도서관에 보관되있는데, 18세기에 화재가 발생하자 75킬로

그램이나 나가는 이 책을 도서관 수위가 창밖으로 던져서, 표지 등이 좀 훼손되었으나 원형을 보존할 수 있었다. 그 후로 스웨덴은 뉴욕과 베를린에서의 전시를 위해 그 책을 내어주었고, 세 번째로 체코에서 전시되었다. 2007년, 359년 만에 『코덱스 기가스』는 고향 체코로 돌아왔다. 1989년에 체코슬로바키아가 자유화되자마자, 하벨 대통령은 스웨덴 당국에 17세기에 가져간 수많은 전리품들 중 이 책 한 권만 돌려달라고 했다. 그러나 스웨덴은 이를 거절했고, 당시 대중에게 공개하던 필사본을 비밀 창고에 넣어버렸다. 체코에서 전시라도 하고 싶다고 했으나, 스웨덴 당국은 허락하지 않았다. 그러다가 체코공화국이 EU에 가입하면서 2007년 체코 전시회가 극적으로 이루어졌던 것이다. 스웨덴과 체코의 외교관들, 책을 수송해준 체코 군대, 체코의 문화부 장관, 스웨덴의 왕립도서관의 협력이 없었다면 가능하지 않았을 것이다.

내가 2010년 7월 말에 스웨덴의 세계 슬라브학 대회에서 발표한 것도 『코덱스 기가스』에 관한 내용이었다. 이때 스웨덴 왕립도서관이 우리 어머님의 필사본을 기꺼이 돌려주었으니 체코의 『코덱스 기가스』도 돌려주는 것이 당연하다니까, 배석한 폴란드, 헝가리 교수들은 박수를 쳐주었는데 스웨덴 교수는 미소만 지을 뿐이었다. 이와 관련된 에피소드가 있다. 교육을 받지 못한 내 어머님은 전통이 살아 있던 무섬마을(영주의 민속 전통 마을)로 시집와서 이웃의 친척 부인들에게 언문을 배웠다. 그래서 옛날이야기를 베껴 써가며 외우고 낭송도 하고 일기를 썼다. 나는 아직도 어머니가 친척 아주머니들과 밤을 새워가며 고전 소설을 외우던 모습을 기억한다. 그러다가 1970년에 외대 노어과에 다닐 때 우연히 러시아어를 하는 스웨덴 교수를 캠퍼스에서 만났다. 그는 원래 한국학 전문가여서, 어머니가 붓으로 쓴 책 한 권을 주고 연구해보라고 했다. 그 후 군대를 갔다가 복학했더니 그 교수는 이미 스웨덴으로 떠났다. 어머니께서는 1977년에 돌아가셨고, 유품이 된 어머니의 책에 대해서는 까맣게 잊고 있었다. 세월이 흘러 2007년 프라하에서 『코덱스 기가스』를 보고 자료를 찾던 중에, 어머니의 유품인 필사본이 생각났다. 그래서 스웨덴 교수의 연락처를 수소문해서, 어머니의 유품인 책을 아직도 가지고 있으면 돌려주든지 복사라도 해줄 수 없느냐고 편지를 보냈다. 그랬더니, 스웨덴 왕립도서관에 기증해서 없다고 했다. 그 후로 한 달 이상 지나서, 스웨덴 왕립도서관에 가서 사정을 이야기하니 되돌려주었다고 하면서 소포로 보내 왔다.

어쨌든 쿠트나 호라와 세들레츠 수도원의 해골 교회를 보니, 필사본 한 권을 두고 국가가 온 정열을 쏟는 이유를 알 것 같았다. 인구에 비례해서 일본 다음으로 독서를 많이 한다는 체코인들은 이렇듯 책을 귀중히 여긴다.

성 바르보라 성당

쿠트나 호라가 자랑하는 성 바르보라 성당을 좀 더 자세히 살펴보자. 1300년대에 고딕 양식으로 시작해서 1905년에야 건물의 완성을 보았다니 600여 년에 걸쳐 완성했다는 말이다. 체코인들의 건축에 대한 열정과 기술을 알 만하다. 성당 내부에 들어서면 20개의 거대한 기둥이 장대하다. 20세기 초에 우르반F. Urban이 디자인한 화려한 색유리로 장식된 50개의 거대한 창문이 휘황찬란하다.

성당 내부 장식에서 가장 오래된 성물안치소는 1499년 레이세크M. Rejsek가 완성한 것이다. 아치형 천장의 아치이맛돌宗石은 예수와 사도들의 상징을 포함하고 있다. 작은 규모의 아치이맛돌에는 성자들에 대한 라틴어 비명碑銘이 있다. 성당에서 무엇보다도 화려한 장식은 제단이다. 최후의 만찬을 묘사한 양각세공 부조를 중심으로 다섯 개의 날개를 가진 네오고딕 양식의 제단은 후기 고딕 양식의 결약궤結約軌의 원형을 복구한 것이다. 원래의 궤는 예수회 교파들이 빼어낸 이후 분실되었다.

주일에는 미사를 드리는 성당이지만, 보통 때는 누구나 볼 수 있는 성스러운 박물관이고, 가끔씩 바로크 음악회가 개최되기도 한다.

성 바르보라 성당의 색유리

시대를 앞선 화가 에곤 실레의 도시

　중부와 동부유럽에서 가장 매혹적인 도시 체스키크루믈로프는 한 번 가본 사람은 또 가게 되는 매력적인 도시로, 인간이 창조한 도시 문명과 자연 환경이 잘 어우러져 있다. 작은 도시인데도 건축물과 기념물, 박물관, 미술관, 극장, 음악당 등이 다양하다.
　크루믈로프라는 이름은 굽어진 초원(만곡부)이라는 뜻의 독일어 Krumme Aue에서 유래하는데, 마을의 자연, 특히 블타바 강이 구불구불하게 굽어 흐르는 지형 때문에 붙여진 것이다. 체스키는 체코, 즉 모라바나 슬레스코가 아닌 보헤미아를 의미한다.
　1989년 체코가 자유화된 이후 도시의 분위기가 가장 화려하게 변한 곳이 프라하와 체스키크루믈로프라고 한다. 공산주의 시대까지 이곳은 18~19세기의 모습을 그대로 간직했는데, 해가 갈수록 관광객들의 구미와 편의에 맞게, 그러나 원형을 그대로 유지하면서 아름다워지고 있다.
　체스키크루믈로프를 둘러

라트란 거리

보려면 대개 북쪽에 위치한 체스케 부데요비체 문에서 시작한다. 거대한 중세 성벽이 이 문과 연결되어 있는데, 문 자체도 역사적 유물이다. 1598년 이탈리아 건축가 코메타D. Cometa가 디자인하고 이탈리아의 건축가 세를리오S. Serlio가 고전주의 건축 양식 그대로 조각한 인상적인 구조물이다. 성으로 들어가는 문을 통과하면, 좁은 조약돌 길이 가파른 지붕을 한 고색창연한 건물들 사이로 이어진다. 조약돌은 체코에서 길 포장을 할 때 중세부터 사용한 재료다. 지금도 도로 개보수 작업 때 꼭 조약돌을 사용한다. 그 위로 성곽이 우뚝 서 있고, 정문의 정남향으로 도시의 그림 같은 전경이 펼쳐지는 주 통로인 라트란Latran으로 통한다. 라트란을 따라가다 보면 붉은 문이 나타난다. 이 문을 통과하면 성벽을 이루고 있는 커다란 궁정 정원이 나온다.

낮은 성곽 위로 둥근 원형의 화려한 성탑이 솟아 있는 것이 보이는데, 높이가 자그마치 72미터나 된다. 체스키크루믈로프의 상징적인 랜드마크다. 탑의 아래층은 13세기 성의 원래 건축 양식을 간직하고 있다. 탑을 따라 소용돌이처럼 올라가는 통로와 정교한 구조물과 장식은 마치 16세기 천문시계처럼 보인다. 탑을 오르는 것은 힘들지만, 꼭대기에서 보는 도시의 아름다운 지붕과 뱀 꼬리처럼 굽이쳐 흐르는 물줄기는 장관을 이룬다. 중세와 르네상스와 바로크 양식의 고색창연한 모습이 눈앞에 펼쳐져서 세월을 거슬러 올라간 기분이다.

거대한 성곽은 다섯 개의 궁정 정원으로 이루어서 있다. 제1 궁정 정원은 하인들이나 성을 위해 여러 가지 도구를 만드는 기능공들이 활동한 무대다. 작은 정원을 지나면 다리가 나오는데, 16세기에 만든 깊은 해자에는 곰이 살고 있다. 오늘날은 성을 방문하는 사람들의 호기심을 불러일으키는 관광 명소이지만, 예전에는 방어용이었던 모양이다.

이를 통과하면 제2 궁정 정원이 나오는데, 대포와 16세기 시골풍으로 장식된 벽으로 둘러싸여 있다. 화폐주조소와 체코 최초(1880)의 농업 대학이 있었다.

좀 더 올라가면 제3 궁정 정원이 나오는데, 성주가 살았던 성의 주요 건물들이 있고 가이드 투어가 본격적으로 시작된다. 성 입구에 아름다운 교회가 있다. 성 이르지Sv. Jiří 교회다. 내부 장식이 화려하기 그지없다. 제단의 성처녀 마리아 그림은 화가 필리포트Ch.L. Philippot의 작품이다. 비엔나 조각가 마티아스 안드레M. André가 만든 치장벽토 정면이 이채롭다.

성 박물관에는 로젠베르크 가문의 영주들이 사용하던 물건이 많다. 영주의 집무실, 외부 인사 접견실, 공주의 침실, 가족 식당 등 웬만한 왕실의 장식과 규모가 비슷하다. 접견실에 펼쳐놓은 거대한 곰가죽 카펫이 인상적이다. 주 전시실에 있는 황금 마차는 러시아 크레믈린 무기고 박물관에 전시해놓은 것이나 오스트리아 궁의 황금 마차보다도 화려하다. 로젠베르크는 로마 교황을 만나러 갈 때 자신의 권력을 보여주기 위해, 이 마차를 일반 마차에 싣고 가서 교황청 이북에서 조립하여 타고 들어갔다고 한다. 어쨌든 성곽의 전체 크기

체스키크룸플로프의 랜드마크인 성탑

로젠베르크가 교황청에 타고 갔다던 황금 마차

가 프라하 성 다음으로 크다고 하니, 이 지역을 통치했던 귀족의 권세와 부가 어느 정도인지 가늠할 만하다.

성 박물관 밖의 기다란 구름다리로 연결된 통로에서 체스키크루믈로프를 바라보면 한 폭의 그림 같다. 난간의 반타원형 아치를 통해 보이는 뾰족탑의 전경이 아름답고, 성과 숲, 뭉게구름마저도 절경이다. 거대한 성벽 바위와 우거진 숲으로 통하는 높은 다리는 방어용으로도 적격이다.

다리를 건너니 거대한 정원이 아름답게 펼쳐져 있다. 정원의 아름다운 테라스와 난간은 신화에 나오는 인물들로 장식되어 있고, 수려한 벨라리아 여름 궁전, 환상적인 로코코풍 천장을 한 정원 정자 등 예술적인 건물이 많다. 첫 번째로 눈에 들어오는 건물은 성 부속 극장이다. 바로크 무대 장치가 되어 있고 비비에나스Bibienas 양식이며, 필요할 때마다 바뀌는 열두 개의 배경막은 옛 모습을 그대로 간직하고 있다. 유럽을 통틀어 스웨덴에 있는 드로트닝홀름Drottingholm 극장과 쌍벽을 이룬다. 보존을 위해 아주 엄선한 관광객에게만 극장 내부를 관람시키고, 아주 드물게 공연도 한다.

성의 높은 담 너머로 보면 난공불락의 성벽이 강으로 이어져 있는데, 이곳에 멋진 무대를 설치하여 해마다 국제 음악 축제를 개최한다. 프라하 국제 음악 축제 다음으로 유명해서, 세계의 기라성 같은 음악가, 연주자, 성악가가 참여한다. 체코는 어디에서든 다양한 음악 축제가 있어서 수준 높은 음악을 들을 수 있다.

성곽 정문의 주 도로인 라트란의 반대편 거리 피보바르스카 거리

성의 구름다리 난간에서 바라본 성 비트 성당과 체스키크루믈로프 시 전경

를 따라가면 바로크 양식의 거대한 건물이 있는데, 노인들을 위한 양로원이지만 원래는 가난한 클라라 수도원이었다. 또 이곳에는 양조장이 있는데, 원래는 로젠베르크 가문의 병기고였다. 이 아름다운 건물은 이탈리아 건축가 안토니오 코메타A. Cometa의 작품이다. 라트란을 따라 강 쪽으로 가다 보면 오른쪽에 중세 양식의 성 요슈트Sv. Jošt 교회가 보인다. 현재 체코 인형극 전시장으로 사용하고 있다. 19세기에 시작된 인형극 무대와 인형들이 전시되어 있다.

블타바 강에 놓인 라제브니츠키Lazebnický 다리를 건너서 도시 중앙으로 들어가면 시민들이 살았던 시 광장이 나오는데, 1716년에 역병을 견뎌낸 기념탑이 우뚝 솟아 있다. 중세의 도시에는 어디를 가나 탑이 시 중심 광장에 있다.

광장의 동쪽으로 오르막길인 호르니Horní 거리에 있는 1520년대의 고색창연한 건물이 이채로운데, 그 뒤로 이 도시에서 가장 높고 오래된 성 비트Sv. Vít 교회가 웅장한 자태를 뽐낸다. 교회 내부의 단아한 세 개의 측랑側廊은 높은 천장까지 닿을 듯한 윌리암 로젠베르크의 훌륭한 조각상을 돋보이게 한다.

관능미의 마법사, 에곤 실레

시 중앙 광장 서쪽의 로우지Louži 거리 5번지에는 에곤 실레 미술 센터가 있다. 예상했던 것보다는 작은 미술관이지만, 건물은 역사적인 의미가 있다. 17세기 초에 시 맥주 양조장으로 지어진 르네상스 양식의 건물이다. 계절에 따라 현대 미술 전시회를 연다니 한 번쯤 가볼 만하다. 실레는 생전에 어머니의 고향인 이곳에서 작품 활동을 하다가 발가벗은 미성년 소녀들을 그린 죄로 쫓겨났지만, 오늘날에는 파격을 사랑하는 체코인들의 사랑을 받는 화가다.

에곤 실레는 1890년 6월 12일에 오스트리아 빈 근방의 소도시인 툴린에서 철도 공무원인 아버지와 체스키크루믈로프 출신의 어머니 사이에서 태어났다. 실레는 아마추어 소묘가였던 그의 조부와 부친의 재능을 이어받았지만, 실레의 아버지 아돌프는 학교 공부를 소홀히 한 벌로 실레의 드로잉 작품들을 태워버린다. 실레는 엄격한 부친과 냉담한 모친 사이에서 조숙한 소년으로 성장한다. 그러다가 14세 되던 해에 아버지가 매독으로 사망했다.

16세 되던 해에 대리인이던 삼촌과 어머니는 마음 내켜하지 않았지만, 실레는 비엔나 미술학교에 가게 되었다. 그는 이곳에서도 특별한 재주를 보였지만, 보수적인 아카데미 교육자들은 그의 재능을 인정하지 않았다. 그의 스승은 "악마가 너를 내 수업에 들여보냈구나. 어디 가서 내가 너의 선생이라 말하지 말아라" 하고 말했다고 한다. 그는 아카데미식 교육을 달가워하지 않던 다른 친구들과 함께 학교를 그만둔다. 그로부터 1년 후인 1907년, 아르누보의 분리파였던 구스타프 클림트Gustav Klimt에게 접근할 기회가 생겼다. 클림트는 실레의 드로잉을 보고 그의 비상한 재능을 인정해준다. 그 후로 실레는 클림트에게서 막대한 영향을 받는다. 그러나 실레는 클림트가 결코 갈 수 없었던 영역까지 밀고 나감으로써 독자적인 예술 세계를 구축했다.

에곤 실레 전시회 포스터

실레에게 여성 모델은 중요한 영향을 끼쳤다. 발리 노이칠은 실레의 모델이자 애인이었는데, 도발적이고 요

에곤 실레는 오스트리아 출신이지만 어머니의 고향에서 주로 활동했다.

염했으며 자기 자신에 대해서도 솔직한 여자였다고 한다. 발리는 원래 클림트의 모델이었는데, 1911년에 실레를 만나 그의 모델이 되었다. 그리고 둘은 실레가 결혼할 때까지 함께 살았다. 발리는 실레에게 헌신적이었다고 한다. 집안일은 물론이고, 고객에게 드로잉을 전달하는 심부름도 했는데, 심부름을 할 때면 고객들의 성적 희롱으로 눈물을 흘리기도 했다고 한다. 그러나 발리는 순진한 여자는 아니었다. 그녀는 실레에게 에로틱한 환상을 불러일으키는 원천이었다.

〈빨간 블라우스를 입고 등을 대고 누운 발리〉에서 그녀는 순진한 듯하면서도 요염한 눈빛과 자세로 상대방을 유혹하고 있다.

실레는 이웃집에 살고 있는 부르주아 철도 공무원의 하름스 자매를 알게 되고, 발리를 시켜 그 집 자매에게 연애편지를 전하게 한다. 나중에 이 여인 때문에 발리와 실레는 헤어진다. 결국 실레는 에디트 하름스와 결혼했다. 그러나 1차 세계대전 말에 악명 높은 스페인 독감이 비엔나를 휩쓸었다. 당시 임신 6개월이던 에디트 하름스가 독감에 걸려 사망했고, 실레는 사흘 뒤에 아내의 뒤를 따랐다. 실레가 마지막으로 남긴 작품은 죽어가는 아내를 그린 소묘였다고 한다.

유네스코 문화유산의 도시, 리토미슐

체코 동쪽에 위치한 리토미슐Litomyšl은 13세기부터 보헤미아와 모라바 지역의 무역로에 있는 요새로, 유네스코 문화유산으로 지정되었다. 리토미슐 광장은 1994년 유럽 7개국 정상모임을 기념하여 새로 아름답게 단장하고, 이 도시 출신의 작곡가 스메타나를 기념하여 스메타나 광장으로 이름을 바꾸었다. 성 공원의 야외극장, 스메타나의 집 등지에서는 연중 내내 연극, 음악회 등이 개최된다.

리토미슐에서 가장 중요한 건물은 르네상스 양식의 리토미슐 성이다. 위대한 이탈리아 건축가 지오반니 아오스탈리와 울리고 아오스탈리가 세웠으며, 표면을 긁어내어 바탕의 색채가 드러나게 하는 장식 기법인 스그라피토의 박공벽들이 특징이다. 특히 성 안뜰 정면에 풍부한 상상력을 동원하여 만든 화려한 스그라피토 장식이 눈을 끈다. 리토미술 성에는 요세프 플라체르J. Platzer가 장식한 극장이 있는데, 스메타나가 이곳에서 어린 나이에 데뷔했다.

리토미술 성과 주변의 역사적인 건물들은 체코 건축사의 백미일 뿐 아니라 체코가 낳은 가장 위대한 작곡가 스메타나의 고향이어서 더욱 중요하다. 그는 맥주 양조장의 공장장이었던 아버지 집에서 태어났다. 이 집은 현재 스메타나 집 기념관Rodný dům Smetany이 되었다. 이 기념관 정면에 아름다운 두 탑을 가진 피아리스트Piarist 교회가 우뚝 서 있다.

체코에서 가장 큰 규모인 크고 기다란 직사각형 모양의 스메타나 광장에는 고딕 양식의 시청 건물과 둥근 아치형의 기층과 아케이드가 딸린 르네상스와 바로크 양식의 건물이 즐비하다. 그 중에서도 가장 유명한 것이 우 리티뤼U Rytířů, 기사들의 집이다. 이 건물은 정면 디자인이 정교하고 아름답다. 여기에는 대화가 블라제크Blažek가 만든 재미있는 르네상스 장식을 한 미술관이 자리하고 있다. 세련되지 못한 우스꽝스러운 기사들의 무리가 보는 이로 하여금 웃음을 자아낸다.

광장에서 그리 멀지 않은 곳에 자리한 포르트모네움Portmoneum을 꼭 찾아보자. 아마추어 인쇄업자 겸 미술품 수집가였던 요세프 포르트만J. Portman은 20세기 초 체코 화가 중에서 가장 특이하고 괴짜인 요세프 바할J. Váchal에게 집을 디자인하고 장식하게 했다. 바할은 19세기 체코 화가인 미콜라시 알레시M. Aleš의 조카다. 기괴한 장식들이 모든 벽과 천장, 가구까지 수놓고 있는데, 신비주의와 악마주의에 관심이 많았던 것으로 알려진 화가의 심리적인 초상을 제공한다. 체코인들의 독특한 취향을 이곳에서도 발견할 수 있다.

리토미술은 1344년에 체코에서 두 번째로 주교 관구가 설립되었을 만큼 종교적으로도 중요하다. 그러나 후스파 전쟁 때 후스파의 위대한 장군 얀 지슈카J. Žižka에 의해 점령당한 후 폐지되었다. 19세기에 이곳에 설립된 김나지움은 오늘날 체코 교육 발전에 크게 공헌하고 있다.

19세기 체코 민족주의가 고조될 때 이 지역에 유명한 체코 문화 인물들이 살거나 방문했다. 스메타나 외에 유명한 의사이며 해양학자인 아우구스트 일레크A. Jilek, 체코 문학사가 및 비평가 아르네 노바크Arne Novák와 후베르트 고르돈 샤우에르Hubert Gordon Schauer 등이 있다. 최초로 체코 요리책을 저술한 막달레나 레티고바Magdalena Dobromila Rettigová도 한때 이곳에 살았다. 현대 체코의 조각가 겸 디자이너인 조우벡의 상설 전시장은 아치형 천장 갤러리에서 열린다. 과학자 얀 푸르키녜J. Purkině도 이곳 피아리스트 학교에서 교편을 잡았고, 19세기 체코의 위대한 역사소설가 이라세크A. Jirásek, 여류 작가 넴초바B. Němcová, 네루다J. Neruda도 한때 이 도시에서 살거나 이 도시를 배경으로 작품을 썼다.

특히 1949년부터 개최되는 스메타나 음악 축제는 프라하 국제 음악 축제가 끝나는 무렵인 6월 중순에 시작하여 약 25일간 개최되며, 체코에서 두 번째로 긴 역사를 가진 음악 축제다. 오페라, 음악회 등 여러 공연이 2000석이 넘는 야외극장, 바로크 극장, 성 십자가 성당, 스메타나 집 기념관과 리토미슐과 이웃한 파루두비체 시 등지에서 개최된다. 2010년 축제에는 체코 대통령 클라우스도 참석했다. 특히 일본에서 해마다 대규모로 음악 애호가들이 프라하 국제 음악 축제에 참석하고 이곳으로 몰려온다. 16세기 르네상스 양식의 화려한 홀에서 개최되는 전시회나 스메타나 집에서 개최되는 작은 음악회에 참석하면 아름답고 황홀한 분위기에 취할 것이다. 체코의 동쪽에 있는 작은 도시인데도 문화적인 분위기는 놀랍도록 대단하다.

교향시 〈나의 조국〉과 스메타나

체코에는 스메타나, 드보르자크, 야나체크, 마르티누 등 수많은 작곡가와 연주가들이 있다. 또한 체코인들은 음악을 생활화한다. 모임이나 행사, 축제가 있으면 음악이 늘 따른다. 프라하에서 매년 열리는 체코어 숙달 코스인 여름학교도 아름다운 교회에서 음악회를 필두로 시작하고 수료식도 음악회를 곁들여 끝낸다. 오스트리아의 궁정에서 냉대받던 모차르트가 프라하에서 대환영을 받은 것도 프라하 사람들의 음악적 실험 정신과 수준을 단적으로 말해준다. 체코인들의 전설이나 동화 속에도 음악이 테마로서 자주 등장한다. 또

많은 작곡가들이 강을 소재로 한 교향곡이나 왈츠를 많이 썼다. 에밀 쿠스트리차의 영화 〈아빠는 출장 중〉에서는 배경 음악으로 루마니아 태생인 이바노비치의 〈다뉴브 강의 잔물결〉이 계속 되풀이된다. 이 곡은 현해탄에서 동반자살한 김우진과 윤심덕과도 인연이 있는데, 이 멜로디에 김우진이 가사를 붙여 〈사의 찬미〉가 되었다.

프라하 스메타나 박물관 앞의 스메타나 동상

19세기 체코의 작곡가들은 민족주의에 입각하여 작품 활동을 했다. 체코의 민족주의 작곡가 베르드지흐 스메타나Bedřich Smetana(1824~1884)는 그의 교향시 〈나의 조국〉에서 '블타바 강'을 주제로 한 악장을 썼다.

프라하에도 스메타나의 박물관이 있지만, 그의 고향인 리토미슐에도 스메타나 기념관이 있다. 원래 이 건물은 블타바 강변의 다리 입구 모래톱에 있던 르네상스 양식의 수도 시설이었다. 앞 벽면이 스그라피토 기법으로 장식된 이 박물관에는 스메타나의 생애와 작품 세계를 보여주는 문서, 편지, 악보, 악기, 저서 등이 전시되어 있다. 그는 열렬한 애국자였으며, 그의 음악은 체코 민족 부흥의 기운을 더욱 북돋웠다. 스메타나는 말년에 귀가 먹어서 자신의 유명한 교향시 〈나의 조국〉이 연주되는 것을 들을 수 없었다. 이 교향곡은 정신병원에서 작곡했는데, 체코인뿐 아니라 세계의 모든 음악 애호가들이 그런 상황에서 아름다운 곡이 만들어졌다는 사실에 감탄하고 있다.

스메타나는 다섯 살에 현악 4중주의 일원으로, 여섯 살에는 피아니스트로 공개 연주회를 가졌을 만큼 뛰어난 재능을 보였다. 11세에 공부를 하기 위해 프라하로 떠났다. 그곳에서 베를리오즈, 슈만, 그리고 그의 음악에 결정적인 영향을 준 리스트를 만났다. 후에 스메타나의 죽음을 듣고 리스트가 보낸 편지에는 "스메타나의 죽음은 나에게 가장 큰 슬픔이라고, 나는 감히 당신들에게 말한다. 그는 진정한 천재였다"라고 적혀 있다. 리스트를 통해 교향시를 배우고 민족 운동에 눈을 떴을 즈음, 체코의 정치적 상황이 더욱 악화되어 스웨덴으로 떠나 5년 동안 머물면서 제1번 교향시 등을 작곡했다. 1859년 오스트리아와 이탈리아 전쟁에서 오스트리아가 패배하자, 보헤미아에 새로운 희망이 싹텄다. 용기가 생긴 국민들은 곧 국립극장을 설립하여 억누르고 있던 예술에 대한 욕망을 충족시키려고 노력했다. 스메타나는 국민들의 바람에 보답하기 위해 1861년에 귀국하여 여덟 곡의 애국적 오페라를 만들었다. 이 후 그는 사람들에게 알려지기 시작하고 국립극장의 수석 지휘자 자리에 앉게 되었으나, 1870년 난청 증세로 지휘자를 그만두고 북부의 작은 마을에서 은둔 생활을 하다가, 3년 후에 정신병원에 수용되었고 결국 1884년에 사망했다.

교향시 〈나의 조국〉

스메타나를 이야기할 때에 빼놓을 수 없는 곡이 바로 여섯 곡으로 이루어진 교향시 〈나의 조국Má vlast〉이다. 체코 민족의 전설 등을 풍부하게 사용하여 격정적이면서도 웅장한 민족의식이 담겨 있어서, 듣는 이의 가슴에 조국에 대한 사랑과 자긍심을 심어준다. 비단 체코인만의 느낌은 아닐 것이다. 일제강점기에 안익태 선생이 이 곡을 지휘하면서 눈물을 흘리며 조국의 독립을 갈망했다는 일화는 유명하다. 지난 2002년 북한의 조선국립교향악단과 우리나라의 KBS 교향악단이 협연하는 자리에서도 남북 화해와 협력의 물꼬를 틔우자는 뜻에서 작은 물줄기가 큰 강을 이루는 풍경을 묘사한 '블타바 강'을 연주한 것으로도 잘 알려져 있다. 그만큼 〈나의 조국〉은 '민족의 자유'라는 보편적인 정서를 건드린다.

음악을 좋아하는 사람들 가운데는 〈나의 조국〉 중 '블타바 강'을 모르는 사람은 없을 것이다. 블타바 강은 오스트리아 국경 슈마바 계곡에서 시작하여 체스키크루믈로프, 체스케 부데요비체와 프라하를 관통한다. 그런 다음 엘베 강과 합류해 독일로 흘러간다. '블타바 강'은 슈마바 계곡의 물살을 묘사하면서 시작하여, 국토를 어루만지듯 곳곳을 누비며 흐르는 강물과 강변의 정경, 숲속의 사냥, 농민의 혼례, 달빛에 빛나는 '물의 요정'들의 춤을 아름답게 묘사했다. 그래서인지 체코인들은 드보르자크보다 스메타나를 더 사랑하는 것 같다.

스메타나가 〈나의 조국〉의 작곡을 시작한 것은 50세 무렵인

1874년이었다. 그러나 이때부터 귀에 이상이 생겨 '블타바 강'의 작곡에 착수했을 무렵에는 완전히 귀가 들리지 않는 상태가 되었다. 그러나 그는 불굴의 의지로 55세에 전곡을 완성했다.

〈팔려 간 신부〉

프라하에 가면 꼭 즐겨야 할 것이 스메타나의 유명한 3막짜리 오페라 〈팔려 간 신부〉다. 세기말 체코인의 정서와 민족적 특징을 알 수 있는 작품이다. 원래 대본은 19세기의 유명한 작가 카렐 사비나의 것으로, 보헤미아 농촌을 배경으로 하고 있다. 이 오페라는 1866년 5월 30일에 프라하에서 초연되었다. 보헤미아풍의 유머가 풍부하며 민족정신에 기반을 둔 훌륭한 희가극이다. 1859년 이탈리아에 패배

오페라 〈팔려 간 신부〉

한 오스트리아가 체코 국민에 대한 탄압을 어느 정도 완화했을 때, 국민들은 재빨리 프라하에 국립극장을 설립했고 스메타나는 국민의 열망에 의해 여덟 곡의 애국적인 오페라를 작곡했는데, 그 중 〈팔려 간 신부〉가 가장 걸작이다. 밝고 빛나는 민요적인 멜로디에 발랄한 율동을 더했으며, 향토색이 잘 표현되어 있다. 오페라의 도시 프라하에서는 매년 이 작품을 공연한다.

젖과 꿀이 흐르는 홀라쇼비체

유네스코 문화유산으로 등재된 홀라쇼비체Holašovice 마을은 체코 남부 지역의 벽돌 건물이 있는 마을들 가운데 가장 전형적이다. 특히 이 마을의 토속적인 건축물은 농촌 바로크 양식의 표본이다. 광장 서쪽 끝에 있는 작은 교회는 체코의 성인 얀 네포무츠키 기념 교회다. 이 마을은 버드와이저 맥주의 고향 체스케 부데요비체에서 15킬로미터 떨어진 곳에 있다. 구릉과 작은 언덕 사이사이로 끝없이 펼쳐진 평야가 장관이다. 해바라기 밭이 나타나다가 숲이 나타나고, 과수원들이 이어진다. 젖과 꿀이 흐르는 땅이라는 나의 은사 프라티세크 스베이코프스키 시가고 대학교 교수의 말이 실감난다.

마을 입구에 들어서니 거대한 양어장이 있다. 체코에는 어디를 가나 인공호수, 즉 양어장이 많다. 중세부터 잉어와 송어 등 민물고기 양어 기술이 발달했고, 대대적인 양어장 만들기 운동을 펼치면서 수만 개의 크고 작은 인공호수가 있다. 그래서인지 체코는 주위 다른 나라들보다 기후가 좋다. 체코는 바다도 없는 유럽 대륙의 한가운데 자리하고 있지만 생선을 수출하는데, 건강식품으로 알려진 질 좋은 잉어와 송어를 수출하기 때문이다. 온천장 도시 마리안스케 라즈네 근방에서 잉어 낚시를 한 적이 있는데, 계속해서 잉어가 물려 오던 것이 생각났다.

마을 중심에서 매년 7월 말 무렵에는 민속 축제가 열린다. 주변에는 2층 규모의 나지막한 벽돌 농가들이 일렬로 도열해서 반기고, 맑은 하늘에 뭉게구름이 두둥실 떠 있다. 남부 지방에서 자주 볼 수 있는 모습이지만, 이곳의 건축물들은 역사적 가치가 있다.

건물 앞에는 농민들이 토마토, 오이 같은 채소와 과일을 펼쳐놓고 파는데 맛이 참 좋다. 숲 꿀이라고 쓰여 있는 검붉은 꿀은 진짜 토종꿀이다. 정말로 꿀이 흐르는 땅이라는 생각이 든다. 선술집에서 이곳은 젖과 꿀이 흐르는 땅이라고 하는데 꿀은 길가나 가게에서 살 수 있는데 젖은 어디 있느냐고 농담을 던지니, 넉살 좋은 웨이트리스가 자신의 가슴을 가리키며 여기 있다고 받아친다. 체코 사람들의 진하고 에로틱한 농담은 문학뿐만 아니라 생활 속에도 배어 있다.

건물과 건물이 이어지는 집으로 가보면, 20세기 전반기까지 사용하던 농기구들을 전시해놓았다. 내가 어릴 때 보던 농기구들과 비슷한 것이 많았다. 쟁기의 모양이 달랐는데, 우리나라는 소가 쟁기를 끄는 대신 이곳에서는 말이 끌었기 때문인 듯하다. 바퀴 달린 농기구가 많은 것도 우리나라보다 훨씬 효율적으로 기계화가 빨리 진행되었음을 말해준다.

농가 건물에는 풍부하게 장식된 두 개의 박공벽에 물결 모양의 윤곽이 있고, 날짜가 적힌 여러 가지 모양의 치장벽토로 장식되어 있다. 커다란 아치형의 출입문에 작은 문이 달려 있어서 사람이 다닐 때는 작은 문만 사용하고 말이 지나가거나 큰일이 있으면 대문을 사용한다.

대부분의 농가는 바닥이 직사각형으로 넓고 천장은 높다. 도시의 화려하고 장식적인 바로크 양식의 건물보다 훨씬 단순하고 민속적인 모티프를 가미해서 운치가 있다. 우리나라 기와에 그려진 작은 동물 같은 모습도 있다. 특히 집 장식에 사용된 색깔이 아주 다양하다.

안내소 책자에 따르면, 공동 마을 터를 따라 비슷한 패턴의 집이 22채가 도열해 있다. 19세기 후반에 지어졌는데, 민속 건축으로는 가장 잘 보전되었다고 한다. 그래서 스메타나의 오페라 〈팔려 간 신부〉의 영화 촬영 장소로 쓰이면서 더욱 유명해졌다. 대부분의 도시에는 교회나 성당이 있는데, 이 마을 한쪽에는 예배당 대신 조그마한 기도소가 뾰족탑을 하고 수줍은 듯이 바라보고 있다.

또 다른 집에 가니 작은 가마솥 같은 곳에 무엇을 끓이고 있어서 그곳의 할머니에게 무엇인지 물었다. 그랬더니 맛을 보라며 국자로 반 그릇이나 퍼줄 만큼 인심이 너넉하다. 동양인이 체코 말을 하니 신기한 듯 다정하고 친절하게 대해주었다. 맛이 친숙하다 했더니, 소 내장을 삶아서 만든 수프였다. 고맙기도 하고 맛도 좋아서 슬리보비체 한 병과 음식 한 접시를 사 먹었다. 할머니는 아름다운 무늬의 접시에 시골에서 만든 치즈와 채소로 장식하여 푸짐하게 안주를 내주었다. 백포도주나 지방 특유의 과일 브랜디가 어울리는 맛이었는데, 체코는 특히 백포도주의 향이 좋다.

슬리보비체는 가장 전형적인 전통 토속주로, 자두, 살구, 배 등 각종 과일로 만든다. 40~50도 정도의 독주여서 칵테일로 만들어 마신다. 그 외에 꽃을 가미한 과일주도 있다. 특히 모라바와 모라프스코 슬로바츠코 지역에서 토속 민속주를 많이 만든다.

체코에서 약용으로 주로 사용하는 전통 토속주로 '순수한 리흐 cistý lih'란 것이 있는데, 도수는 70~90도 정도로 약국에서 살 수 있다. 전통적으로는 크리스마스 때 이 술로 '멋진 코냑vaječný koňak'을 만들어 마신다. 또 러시아와 폴란드가 주 생산국인 보드카도 체코 전통 민속주의 하나다.

할머니가 우토페네츠utopenec(소금물에 양파와 함께 절인 소시지)를 서비스로 주더니, 대부분의 유럽에서 판매가 금지된 압생트absinthe를 들고 온다. 체코에서는 일반 주류점에서 압생트를 살 수 있다. '향쑥'을 뜻하는 라틴어 '압신티움'에서 유래한 압생트는 향쑥, 살구씨, 회향, 아니스 등을 주 향료로 만든 독주로, 에메랄드빛을 띠며 맛이 쓰다. 초기의 압생트는 쑥의 잎과 줄기를 알코올에 담근 뒤, 방향 성분이 녹아 있는 알코올을 다시 증류해 만들었다. 그러나 쑥을 정제할 때 나오는 테르핀이라는 독성 물질은 신경 조직에 해를 끼치고, 지나치게 사용하면 중독 증세를 나타낸다. 심하면 간질 발작이나 환각 작용을 일으키고 뇌에 영구적인 손상을 줄 수도 있다. 특히 예술의 도시인 파리에서 시인과 소설가, 화가 들에게 영감을 불러온다는 이유로 큰 인기를 끌었다. 에밀 졸라와 빈센트 반 고흐, 파블로 피카소 는 압생트를 사랑한 대표적 인물로, 고흐는 이 술 때문에 귀를 잘랐다. 시인 아르튀르 랭보는 압생트가 주는 취기야말로 "가장 우아하고 하늘하늘한 옷"이라고 예찬하기도 했다. 압생트에 중독되는 사람이 많아지면서 1915년경부터 독성의 주성분인 향쑥의 사용이 금지되었으며, 70도에서 40도로 도수도 낮아졌다. 그러나 체코에서는 아직도 시중에서 70도짜리 술을 살 수 있다.

압생트는 스위스가 본고장으로, 1908년에 한 공장 노동자가 압생트를 마시고 처자를 죽인 사건이 계기가 되어 판매가 불법화되었다. 그러나 매년 1만 5000리터 정도가 은밀히 제조되었던 것으로 추정된다. 1차 세계대전 무렵에 대부분의 유럽 국가에서 금지됐으나 체코와 스페인에서는 계속 생산됐고, 1981년에 유럽공동체가 합법화 결정을 내리면서 상당수 유럽 국가에서 생산이 재개된 상태다.

이렇듯, 농촌은 어디든 인심이 좋은가 보다. 루마니아와 우리나라의 농촌이 떠오르는 고장이었다.

가톨릭교인들의 순례의 성지, 젤레나 호라

19세기 후반의 체코 민족주의자이자 신문왕이며 작가인 카렐 하블리체크 보로프스키Karel Havlicek Borovsky의 고향인 하블리츠코바 보

하블리체크 묘지와 교회

로바Havlíčková Borová를 찾아갔다. 보로프스키는 체코의 서재필이라고 할 만한 사람이다. 마침 지난겨울에 한국을 다녀간 체코 펜클럽 부회장이며 세계 펜클럽 운영위원인 체코 작가 마르케타 헤이칼로바가 고향인 하블리츠코프 브로트를 방문해달라고 해서 겸사겸사 가기로 했다.

하블리츠코프 브로트의 호텔 슬룬체Hotel Slunce에 도착해서 안내 데스크에 물어보고 지도를 구했다. 호텔 카운터의 젊은 아주머니가 아주 친절하다. 사회주의에서 벗어난 지 22년이 지났지만 아직도 무뚝뚝한 사람이 많은데, 진절한 체코 여인 덕분에 기분이 좋았다.

후스파의 위대한 장군 얀 지슈코프의 기념비

프리비슬라프Přibyslav와 지슈코보 폴레Žižkovo Pole 지역에는 15세기 후스파의 위대한 장군 얀 지슈코프Jan Žižkov의 기념비가 있는 묘지가 있다. 1424년 10월 11일에 그가 전쟁 중에 사망한 장소라서 그의 추모 묘지 기념비가 있다. 허허벌판에 우뚝 솟은 기념비 둘레에는 기념비를 개축하기 위해 헌금한 사람들과 단체의 이름들이 새겨져 있다. 15세기 후스 전쟁에서 혁혁한 공을 세운 그를 기리는 동상이 체코 곳곳에 있다. 그 중 세계에서 가장 큰 청동 동상으로 알려진 그의 동상은 프라하 시 지슈코프 구역에 있다(이 지역 묘지에 카프카의 무덤이 있고 프라하 텔레비전 탑도 있다).

후스파를 지휘한 얀 지슈코프를 기념하는 기념비로, 그가 사망한 장소에 세워졌다.

카렐 하블리체크 보로프스키 기념관

오스트리아에 독립을 빼앗긴 지 200여 년이 지난 19세기 중엽, 카렐 하블리체크 보로프스키는 신문과 잡지 등을 통해 체코 민족의 역사를 되새기고 고유한 전통을 살리기 위해 노력한 애국적인 작가이자, 정치 의식이 강한 신문기자였으며, 민족주의 계몽가였다. 이상적 낭만주의 민족운동에 반기를 들고 냉철하게 현실을 인식했으며, 여러 작품을 통해 체코어의 발전에도 공헌했다.

프라하 대학교를 다녔으며 러시아에서 가정교사로 지내다가 1840년대에 체코의 정치가이자 저널리스트로서 활발하게 활동했다. 그는 1840년대 '오스트로슬라비즘Austroslavismus'이라는 논리로 막연하게 유행하던 범슬라브주의의 역사적 모순에 대항했다. 그는 합스부르크제국에서 다수를 차지하고 있는 슬라브 민족이 독일인이나 헝가리인들과 동등한 권리를 행사할 수 있어야 하며, 슬라브인들은 정치적, 경제적, 문화적 권리들을 최대한으로 확보하기 위해서

체코의 서재풍, 하블리체크 보로프스키가 사용하던 책상

차르 정부의 러시아에 의지하는 비현실적인 범슬라브주의를 지양해야 한다고 주장했다. 또한 정치적으로 합스부르크제국의 연방화를 제의했다. 이러한 주장은 체코 역사가 팔라츠키의 추천에 의해 그가 편집 책임자로 있었던 《프라슈스케 노비니Pražské noviny》라는 신문에 '슬라브인과 체코인Slovan a Čech'이라는 칼럼을 발표하면서 처음으로 구체화되었다. 그의 진보적인 주장은 체코 민족주의 운동의 지침이 되었을 뿐만 아니라, 합스부르크제국 내의 슬라브인들에게 많은 영향을 끼쳤다.

하블리체크 보로프스키는 이 신문을 나중에 《나로드니 노비니 Národní noviny (민족신문)》로 이름을 바꾸고, 1848년 혁명 전후에 민족의식을 고양시켰다. 체코 민족주의 운동에 정치적 성격을 부여하면서 자신의 신문을 통해 서구의 자유주의와 시민 민주주의 사상을 민중 속으로 확산시켰다. 헌법 개혁과 민족적 권리를 주장하는 기사를 쓰다가 1851년에 오스트리아 경찰에 체포당해 재판받은 뒤, 1855년까지 티롤 지방 브릭센으로 추방당했다. 그는 1844년 러시아에서 돌아와 러시아를 중심으로 한 범슬라브주의의 맹점을 직시하고, 러시아의 전제정치를 강하게 풍자한 『성 블라디미르의 개종Křest Svatého Vladima』(1876) 등 여러 작품을 썼다. 유배지에서 쓴 『티롤의 비가 Tyrolské elegie』는 그의 대표작이다.

젤레나 호라의 성 얀 네포무츠키 순례교회

성 얀 네포무츠키 순례교회는 젤레나 호라의 주다르 나트 사자보우 Žd'ár nad Sázavou에 위치하고 있다. 주다르 나트 사자보우는 요새 역할을 하는 언덕 위에 자리하고 있는데, 주다르는 '숲이 불탄다'는 동사에서 유래했다.

이곳에 초기 고딕 양식의 시토 수도원이 1252년에 처음으로 세워졌다. 시토 수도회는 성모마리아를 숭배했고, 체코 땅에 초기 고딕 양식의 교회를 짓는 데 큰 역할을 했다. 그러나 17세기 초에 수도원은 새로운 바로크 양식으로 개축되었다. 대수도원장 바츨라프 베이믈루바Vaclav Vejmluva가 위대한 바로크 건축가 얀 블라제이 산티니 아이헬Jan Blazej Santini-Aichel을 초청하여 오늘날의 성 얀 네포무츠키 순례교회를 완성했다.

산티니는 이탈리아 산티니 가문의 후예로, 프라하에서 1677년에 출생했다. 산티니는 바로크 시대에도 고딕 양식 건축에 큰 관심을 가지고 있었다. 그는 주다르와 세들레츠에 고딕 양식이 강한 바로크 건축물인 시토 수도원을 지었다.

젤레나 호라의 수도원에 높이 솟아 있는 성 얀 네포무츠키 순례교회는 초기 고딕 양식의 바로크식 재건축이 아니라 산티니의 독창적인 건축 양식이다. 성 얀 네포무츠키 순례교회가 세워진 곳은 네포무츠키가 태어난 곳이라서 역사적으로 중요한 장소다. 네포무츠키를 숭배하던 대수도원장 블라디미르 베이믈루바는 그에게 헌정하는 순례교회를 지었고, 아름답고 영감을 불러일으키는 여러 성상들로 장식했다.

별 모양의 방사형 구조인 교회는 성 얀 네포무츠키의 예찬과 관

네오고딕과 바로크 양식을 통합하여 독특하게 건축한 성 얀 네포무츠키 순례교회

련되어 있는 여러 상징을 의미한다. 이 교회가 건축될 당시에 성 얀 네포무츠키에 대한 시성식 및 신비화가 가톨릭을 숭앙하는 중부유럽 전체에서 진행되고 있었다. 프라하 성의 성 비트 대성당 안의 네포무츠키 무덤에서 썩지 않은 살이 발견되었다는 소문이 빠르게 퍼졌는데, 기적을 일으킨 성인의 혀는 왕비의 고해성사 비밀을 죽음을 무릅쓰고도 왕에게 밝히지 않고 순교당한 고해 신부에 대한 전설을 확신시켰다.

성 얀 네포무츠키의 전설

프라하 카렐교 난간에도 그의 전설이 담긴 조각상이 있다. 1683년 성 얀 네포무츠키의 동상을 시작으로 다리의 양 난간에 열다섯 개씩 바로크 양식의 거대한 조각상을 세웠다. 대부분 『성경』에 나오는 성인이나 체코 성인의 조각이었다. 성 얀 네포무츠키의 상은 중부유럽 곳곳에서 발견되는데, 로마의 폰테 산탄젤로에 있는 베르니니의 조각에서 영감을 얻었다고 한다. 여기에는 네포무츠키의 순교 장면과 충실을 상징하는 개 한 마리가 부조되어 있다. 다리 위에서 물속으로 떨어지려는 네포무츠키의 부조를 손으로 잡은 채 소박한 소원을 빌면 실현되고, 개를 잡고 행운을 빌면 애인이나 배우자가 자신을 일생 동안 사랑한다는 소문 때문에 수세기 동안 수많은 사람들을 손을 거치며 부조는 윤기가 나서 반들거린다. 그 소문은 사실이었는데, 나도 1990년 여름에 이곳에서 처음으로 "아름다운 프라하를 매년 보게 해달라"고 빌었더니 이후로 한 해도 빠지지 않고 26번이나 프라하를 방문하게 되었다.

어쨌든 교회 안의 성 얀 네포무츠키는 여섯 개의 별 모양 후광으로 묘사되었다. 건축가 산티니는 별 모양의 상징에 영감을 얻었다. 그래서 순례교회는 다섯 개의 별 모양 회랑의 기반 위에 높은 중심축 건물이 있고, 그 주변에 작은 별 모양 회랑 열 개가 둘러싸고 있다. 교회와 이 주위 회랑 사이를 산보하니 옛날 가톨릭 시대의 위용이 느껴진다. 수도원의 교회가 작은 수도원들의 탑 건물로 에워 쌓인 듯하다. 가톨릭의 수직 권력을 상징하기도 하고, 평지에 세운 난공불락의 요새 같기도 하다.

이 시대는 체코 신교 운동으로 인한 신교와 구교의 갈등이 구교의 승리로 끝난 이후, 가톨릭을 더욱 강화하던 시대다. 네포무츠키는 기사의 칼과 쌍벽을 이루는 혀로 세속의 악에 대항해 싸운 승리의 상징으로 추앙되었다. 이로 인해 젤레나 호라는 순교자 찬미의 장소이며, 순례자들이 길을 떠날 때마다 설교를 들을 수 있는 은둔처였다.

교회의 10각형 회랑은 수도원 회랑에 있는 고딕 양식의 성모마리아 우물의 10각

성 얀 네포무츠키 순례교회의 제단

형 회랑들을 상기시킨다. 육각형의 별은 성 요한의 상징이고, 육각형의 별 모양에 더 추가한 모양은 성 요한과 마리아의 상징을 한데 아우르는 형상이다. 시토 수도회의 상징인 팔각형의 별 모양도 이 수도원의 교회 복합 건축물에서 찾아볼 수 있다.

교회 내부에 앉아서 별 모양의 천장을 바라보고 있으면 건물의 환상적인 디자인에 찬탄을 금치 못한다. 교회 건축물이 아니라 위대한 예술 작품 같다. 순례자가 되어 이러한 아름다운 교회와 성당, 수도원을 돌아보고 싶은 마음이 들게 한다.

별 모양의 뾰족한 부분들은 온 사방에서 내민 인간의 혀(세속적인 칼에 대항한 신부 네포무츠키의 혀)를 떠올리게 한다. 바로크 시대의 건축에 담겨 있는 고딕 양식의 요소들이 얀 네포무츠키가 살았던 고딕 시대를 상기시키는 것처럼, 성인의 혀가 고딕 아치를 상기시키게 하는 설계는 건축가의 의도에 따른 것이다.

교회 외부 장식 또한 내부 못지않게 안절부절못하고 긴장하게 만든다. 바닥 층에는 발코니가 있는 2층 아케이드가 높이 솟아 있다. 복잡한 상징에 의해 영감을 받아 만든 뒤얽힌 갈빗대 같은 치장벽토 서까래들은 독창적이다. 불꽃과 후광으로 둘러싸인 혀 조각이 천장 한가운데 자리하고 있다. 또한 혀 모양을 상기시키는 아케이드들의 고딕 아치와 창문이 혀 조각을 향해 집중되어 있다. 1725년 이후 산티니에 의해 제작된 높은 제단 또한 고딕 아치 형태다. 제단의 각종 조각 장식은 흐루딤 출신의 얀 파벨 체흐파우에르Jan Pavel Cechpauer와 이그나츠 로흐르바흐Ignaz Rohrbach의 작품들이다.

이 교회에 얽힌 건축에 관한 이야기와 전설 등을 듣고 있노라니 세월을 거슬러 올라간 기분이다. 체코 민족이 유럽에서 가장 먼저 신교 운동을 하다가 나라의 주권을 잃어버리고도 이렇게 아름다운 종교 건축물을 지으며 더불어 생존해온 것이 기적 같다.

화려한 온천장과 카를로비바리

카를로비바리

2010년 11월, 체코 상원의 국제 세미나에 초대를 받아 코멘스키와 한국 교육 제도에 대해 발표하고, 주말을 이용해 온천장과 베헤로프카로 유명한 카를로비바리Karlovy Vary로 향했다. 세기말에 집중적으로 지어진, 거대하지만 아름다운 아파트 건물을 지나니, 작고 아담한 광장과 교차로 곳곳의 아름다운 조각이 온천 도시를 찾는 사람들의 눈길을 빼앗는다.

카를로비바리는 테플라Teplá 강과 오흐레Ohře 강이 만나는 체코의 서쪽에 위치하고 있으며, 프라하에서 120킬로미터 정도 떨어져 있는 휴양의 도시다. 체코에서는 가장 크고 유명한 온천 지역으로 알려져 있다. 이곳은 14세기에 카렐 4세에 의해 세워진 도시로, 그를 기리기 위해 우리호 폰 루트조프 빌라 정원에 그의 동상이 서 있다. 전설에 의하면 카렐 4세가 사냥 수행원들과 사슴을 사냥하다가, 상처 입은 사슴이 더운 물이 나오는 샘물에 들어갔다 나오면서 상처가

카렐 4세의 동상

치료되는 것을 보고 발견했다. 사실 도시의 정확한 설립일은 알려져 있지 않다. 온천 주변에 사람들이 완전히 정착한 것은 1349년경이라고 한다. 하지만 고고학적 연구 결과, 지금의 몇몇 거주 지역이 원시시대부터 전해졌으며 가장 가까운 주변 지역에서는 이미 13세기에 사람들이 살았던 것으로 보인다. 기록된 역사로는 카렐 4세가 카를로비바리 인근에 있는 군주의 도시 로케트Loket에서 누리던 자유와 권리를 1370년에 이 지역에도 부여하면서 시작된다. 로케트 성은 12세기 유적을 가지고 있는 아주 오래된 성이다.

16세기에는 많은 귀족과 부르주아 계층이 온천을 즐겼다. 하지만 그 이후 몇 차례의 자연 재해로 인해 몇몇 건물만이 남았으며, 대부분의 건축은 18~19세기의 것이다. 카를로비바리의 발생과 발전은 온천수의 치료 효과와 떼려야 뗄 수 없는 밀접한 관계가 있다. 언덕 위에서는 사슴 동상이 온천 도시를 굽어보고 있는데, 18세기의 러시아 황제 표트르대제 등 황족과 황후, 공주들이 왔다 간 기념비가 있다. 그들이 다니던 러시아 정교회 이콘은 종교 예술의 극치다.

17세기 말까지 카를로비바리는 도시의 아치문과 온천 주위로 촘촘히 붙어 있는 가옥들과 함께 고딕 양식의 특성을 보존했다. 시장 위쪽의 암석 위에 세워진 고딕 탑이 눈에 띈다. 1520년에는 탑 아래에 시청이 세워졌고, 그 옆으로는 약국이, 반대편에는 성 두흐Svatý Duch 병원이 1531년에 세워졌다. 테플라 강의 오른편으로 처음으로 후기 고딕 양식의 목재식 성당 마리 막달레나Maří Magdalena가 세워졌고, 1500년경에는 세 개의 십자가가 있는 언덕 중턱에 성 안드레아sv. Ondřej 소예배당이 봉헌되었다. 그리고 집은 지붕널로 덮인 지붕과 함께 목재로 지어졌다.

로케트 성

18세기에는 10년간 온천 도시에 번성과 영광이 찾아왔다. 오스트리아 황제 요세프 1세가 카를로비바리에 모든 특권을 부여했고, 독립적인 도시로 인정했다. 1719년 시의회 의원들은 도시의 법률을 선언했고, 1739년에는 새로운 규정인 '정치의 지침서'가 받아들여졌다. 또한 사스키홀Saský sál, 체스키홀Český sál처럼 사교를 위한 건축물이 세워졌다. 나중에 홀이 있던 자리에 그랜드 호텔 푸프Grandhotel Pupp가 건축되었다. 1711년에는 카를로비바리에 최초의 공공 온천장으로 믈린스키 온천이 들어섰다. 그리고 최초의 고딕 양식의 교회가 있던 곳에 건축가 디엔젠호페르가 새로운 바로크 양식의 성 마리 막달레나 대성당을 지었다.

그러나 1759년 5월 23일에 224채의 집을 훼손하는 큰 화재가 일어났다. 화재의 피해는 비교적 짧은 기간 안에 복구되었고, 도시의 건축물도 계획적으로 건설되었다. 하지만 기존의 모습 대신, 치장벽돌로 외벽을 쌓아 만든 집이 세워지게 되었다. 그리고 도시 성장을 억제하던 아치형 문도 더 이상 원형대로 복구하지 않았다.

1791년에는 요세프 라비트즈키Josef Labitzký 오케스트라와 유명한 음악가들의 콘서트로 잘 알려진 포슈타프니 뜰이 세워졌다. 1년 뒤 목재로 세워진 주랑은 카를로비바리 최초의 목재 건축물이 되었고, 온천 지역의 손님들에게 온천 샘 주변에 숙소가 제공되었다. 1811년, 주랑은 드레스덴의 건축가 기셀Giessel에 의해 옮겨졌다.

18세기와 19세기 초에 카를로비바리에서 모임을 가진 단체들은 더욱 국제적인 성격을 지니게 되었다. 귀족 사회와 더불어 유럽의 지식층도 온천에서 만나기를 즐겼다. 훌륭한 인물들의 방문은 문화적인 역사가 되었다. 18세기에서 19세기로의 전환기에 가장 유명한 방문객들로는 낭만주의 작가 괴테, 동시대의 극작가 실러, 테오도어 쾨너Theodor Körner, 베토벤, 쇼팽, 파가니니가 있다. 드보르자크도 자주 찾아왔는데, 건강이 아니라 음악적 영감을 얻기 위해서였다. 드보르자크 정원과 온천의 주철로 된 열주는 그를 기리는 건축물이다. 아름다운 역사적인 홀과 성당, 교회에서는 오페라나 오케스트라 음악회가 자주 열린다. 1894년에 카를로비바리의 우체국 궁정에서 드보르자크가 〈신세계〉를 처음으로 공연하며 대단한 반응을 얻었다. 이를 기념하여 1959년부터 국제 드보르자크 가을 음악 축제가 열렸고, 1966년부터는 국제 드보르자크 성악 경연대회가 열린다. 드보르자크 호텔, 드보르자크 예술 학교, 드보르자크 공원, 드보르자크 거리를 비롯하여 그에 얽힌 이야기가 곳곳에 스며 있다. 특히 비소카에 있는 작은 연못에서 〈루살카〉의 영감을 얻었다고 한다.

19세기 중반에 들어서면서 프랑스혁명의 영향으로 귀족들은 사라

드보르자크 정원의 주철 열주

지고, 이곳은 정치적, 외교적 협상의 중요한 장소가 되었다. 1819년에는 오스트리아 수상 메테르니히K. V. L. Metternich가 관장한 장관 회담이 이루어졌다. 1860년 이후로는 영원히 정착한 모든 체코인들의 작은 공동체가 형성되었다. 1881년에 설립된 슬라브족 협회가 체코의 소수 집단을 대표하게 되었고, 뛰어난 체코의 의사들을 선두로 40년 동안 슬라브족의 모임을 이끌었다.

1870년에 유럽의 철도 간선로가 공급되면서 도시가 발달했고, 1년 뒤 프라하-카를로비바리 노선으로 기차가 다니기 시작했다. 1900년경 지방 철도 노선은 카를로비바리에서 마리안스케 라즈네 Mariánské Lázně, 요한게오르겐스타트Johanngeorgenstadt, 메르클린Merklín 으로 지방 노선이 보충되었다. 이로 인해 농업이 활성화되고 방문객이 증가했다. 1860년 이후로 카를로비바리에서 성공적으로 당뇨병을 치료하면서 매우 빠르게 성장했다.

양차 세계대전은 도시의 발전을 저해했다. 전쟁으로 교회에서는 종을 빼앗겼고, 무거운 짐을 끌기에 적합한 짐승들이 강제로 압수되었으며, 식료품, 비누, 담배용품의 분배가 시작되었다. 그 후, 전 유럽을 괴롭혔던 계속된 경제적인 불경기로 이 지역의 호텔이나 펜션의 소유자들은 부채가 늘어났고, 중소기업가나 상인들도 파산의 위기를 맞았다. 집은 군인들의 야전병원으로 바뀌었다. 아돌프 히틀러가 이곳을 방문하면서 독일군에 의해 점령되었고, 독일제국으로 편입되었다. 그러나 전쟁이 끝나면서 붉은군대가 카를로비바리로 들어왔고, 독일 서주인들은 포츠담협정으로 인해 철수했다. 독일인

카를로비바리 국제 영화제

들의 철수와 함께 체코인을 이 지역에 정착시키는 복잡한 과정이 진행되었다.

1989년 이후로 역사적인 건물은 재단장되거나 복원되었다. 1989년 공산 정권이 무너진 이후는 러시아 졸부들이 많이 와서, 고급 호텔이나 식당, 귀금속 가게, 명품 가게에는 러시아어 안내 간판이 눈에 띈다. 어떤 고급 레스토랑에는 체코어 메뉴판은 없고 러시아어 아니면 독일어뿐이다. 러시아 갑부들의 돈 씀씀이가 너무 헤퍼서 카를로비바리를 값싸게 즐기기가 쉽지 않다고 한다. 옛날 사회주의 시절에는 의사가 처방하면 온천에서 휴양을 즐길 수 있었는데, 지금은 너무 상업화되어 평범한 체코인들이 이용하기에는 비싸다.

카를로비바리에서는 1년 내내 문화적인 행사와 스포츠 활동이 열린다. 카를로비바리 국제 영화제가 열려 영화를 상영하는 것뿐만 아니라, 유명한 영화가 촬영되기도 한다. 최근에는 제임스 본드의 〈카지노 로열〉이 촬영되기도 했다. 또한 관광 사업이 발달하면서 스포츠 분야에서도 성공을 거두었다. 19세기 말에 경마장이 생겨났고, 1904년에는 체코의 첫 번째 골프장이 들어섰으며, 1년 후에는 테니스장도 생겼다.

특산주 베헤로프카

체코에 가면 식사 전에 음식 맛을 돋우기 위해 베헤로프카를 한 잔 마셔보기 바란다. 베헤로프카는 체코에서 전통적으로 가장 명성 있는 알코올로, 1807년부터 생산·판매하고 있다고 한다. 국제 영화제로 잘 알려진 카를로비바리에서 생산되는 민속주로, 20여 가지 이상의 약초와 자연산 설탕과 온천장의 깨끗한 물과 그 지역의 기후, 온도 등이 함께 조화되어 독특한 맛을 낸다. 도수는 38도로, 체코인뿐만 아니라 독일인 등 유럽인들이 애용한다. 특히 식사 직전의 아페리티프로, 중요한 행사나 귀한 손님을 초대하면 빠질 수 없는 체코 전통 술이다. 소화를 촉진시키고 위장에 좋아서 처음에는 의사가 처방했으나, 지금은 칵테일로도 많이 마신다. 같은 회사에서 만드는 또 다른 종류의 전통 술로는 1831년에 개발한 '라피드Rapid'가 있는데, 거의 같은 약초와 향신료를 쓰지만 조금 더 쓰고 드라이한 맛을 낸다.

200년이 넘는 체코 특산주 박물관에서는 베헤로프카 생산에 얽힌 이야기를 한눈에 볼 수 있다. 베헤로프카 박물관을 돌아보면 마지막에 베헤로프카 오리지널과 오리지널보다 도수가 조금 낮고 여자들이 좋아한다는 레몬향이 나는 베헤로프카와 드라이한 베헤로프카 등 세 가지를 맛볼 수 있다.

베헤로브카 양조 비법은 얀 베헤르가 만들기 시작한 이래 직계 가족 세 사람만 알고 있다. 그 중 한 사람이 죽으면 그다음 사람에게 전한다고 한다. 2차 세계대전 당시 히틀러가 이 술에 반해서 자주 오곤 했는데, 그가 와서 앉았던 자리도 남아 있다. 그는 이 공장을 독일로 옮겨 가려 계획을 세웠으나, 성공하지 못했다.

마리안스케 라즈네

카를로비바리 지역에서 남서쪽으로 45킬로미터 떨어진 산간 지역에 위치하고 있어서 여름 피서지로 안성맞춤이다. 체코 서쪽 온천 지역 도시 중에 두 번째로 큰 도시이지만 아담한 느낌을 준다. 마리안스케 라즈네의 온천수는 신장, 비뇨기관, 신진대사 질환, 피부병, 관절염과 호흡기관 치료에 탁월한 효과가 있다. 여러 화학물질을 포함한 온천수는 약효가 탁월하여 유럽에서 널리 알려져 있다. 또 아름다운 자연환경

마리안스케 라즈네의 노래하는 분수대

에 둘러싸여 있어서 경치가 수려하다. 주위에 100개의 샘이 솟는데 40개는 개발하여 마실 수 있다. 1779년 요세프 네르J. Nehr 박사가 온천수의 효과를 알아내면서 1808년부터 본격적으로 온천이 열렸다. 그림같이 아름다운 정원과 공원은 스칼릭Václav Skalník이 디자인했다.

에디슨이 "세상에서 이보다 더 아름다운 온천은 없다"고 말했을 정도로 마리안스케 라즈네는 찾는 사람들을 매혹시킨다. 이곳을 방문한 유럽의 명사들은 수도 없이 많다. 공원이나 건물 곳곳에 그들에 대한 기념비나 부조가 있는데, 이 지역에 유럽 대륙에서 두 번째로 골프장을 건설한 영국 왕 에드워드 7세을 비롯하여 나콜라스 2세, 괴테, 쇼팽과 고골 등이 있다.

마리안스케 라즈네의 온천 열주

특히 괴테 박물관과 그의 동상을 비롯하여 괴테에 관한 많은 자료를 전시해놓았다. 70세가 넘은 노작가 괴테가 이곳에 휴양차 왔다가 17세의 우를리케란 처녀와 사랑에 빠져서 청혼했는데, 그녀의 어머니가 허락해주지 않아서 상심하여 바이마르공화국으로 돌아갔다. 사

카를로비바리의 황제 온천

실은 과부인 처녀의 어머니가 사교 파티에 괴테를 초대했는데, 괴테가 딸한테만 관심을 두어서 질투심에 결혼을 반대했다는 전설 같은 이야기가 내려온다. 어쨌든 괴테가 떠나고, 우를리케는 괴테를 못 잊어서 일생 동안 수절하다가 죽었다고 한다. 훗날 이 애틋한 사랑 이야기를 기리기 위해 한적한 도시 공원 야외극장 앞에 노인 괴테와 처녀 우를리케의 동상을 나란히 세워놓았다.

쇼팽도 조르주 상드와 결혼 생활이 순탄치 못해 고향인 폴란드로 가다가 휴양차 들렀는데, 어느 귀부인을 사랑해서 고백했다가 퇴짜를 맞았다고 한다. 온천장 작은 정원 한쪽에는 쇼팽의 상도 있다. 그

래서 이 도시에서는 사랑은 하되 고백은 하지 말라는 전설이 내려온다.

네오바로크 양식의 온천 열주 철제 구조물과 유리로 만든 천장, 프레스코화로 장식된 천장과 고린트식 기둥은 보는 이를 놀라게 한다. 주랑은 1889년도에 아르누보 양식으로 지어졌다. 노래하는 분수대는 250개의 분출구가 스테인리스로 만든 꽃 조각으로 장식되어 있다. 아침 7시부터 밤 9시까지 홀수 시간과 마지막으로 밤 10시에 여러 작곡가의 음악을 들을 수 있다. 1950년도부터 거의 매년 개최되는 쇼팽 국제 음악 축제와 모차르트 음악 축제는 음악을 즐기는 사람은 물론이고, 음악의 문외한도 음악을 즐길 수 있는 기회다.

소나무 밀림 속에 자리한 골프장은 경치가 수려하다. 또 미니 골프, 요트, 승마, 수영, 스키, 자전거 등 다양한 스포츠를 즐길 수 있게끔 시설이 잘 갖춰져 있다. 숲 속을 산책하며 전사한 무명용사들의 묘비를 구경하는 것도 좋다.

카네이션의 향이 넘치는 클라토비와 수시체

서쪽 독일 국경 슈마바 산간 휴양지 지역에는 성냥갑 생산으로 가장 유명했던 수시체라는 작은 도시가 나온다. 수시체 중심 광장에는 시청 탑이 우뚝 솟아 있다. 수시체는 원래 13세기에 사금을 채취

성냥으로 유명한 수시체의 박물관에 진열된 다양한 성냥갑들

하면서 사람들이 정착하기 시작했다. 19세기 중엽, 성냥을 만드는 공장이 세워지면서 도시가 발전했다. 아직까지도 솔로Solo라는 성냥갑을 만들고 있다. 유럽은 물론이요, 아시아, 아메리카 대륙까지 성냥을 수출하며, 디자인도 가지각색이고 예술적이다.

시 박물관 1층에는 성냥갑 만드는 기계와 성냥갑 제조와 수출 등의 역사를 사진과 실물로 잘 전시해놓았다. 커다랗고 긴 성냥을 비롯하여 수천 가지의 성냥갑이 눈길을 끈다. 19세기 말부터 엄청난 기계를 만들어 산업화를 시작했다니, 체코는 기술이 대단한 나라라는 생각이 든다. 2층에 올라가면 이곳 지방에서 만든 유리잔과 유리

제품이 다양하게 전시되어 있다. 회화나 그림은 별로 많지 않다.

도시에 물을 공급하는 작은 댐과 갑문은 자연을 최대한 이용하는 체코인들의 실용주의 정신을 엿볼 수 있다. 시 곳곳에 있는 역사적인 건물과 성 바츨라프 교회, 프란체스코파의 카푸친 수도회 대수도원이 이 도시의 영광을 상징한다. 아름다운 디자인으로 세운 수호천사 교회가 산꼭대기에 우뚝 솟아 있다. 도시 옆에 높은 굴뚝이 성냥갑을 대대적으로 생산하던 과거를 상기시킨다. 도시 외곽의 유대인 묘지라든가 후스파 전쟁의 위대한 장군 지슈코프를 본떠 이름 붙인 지슈코프 언덕도 이 지역의 볼거리다.

클라토비는 체코 서남쪽 지방의 주요 도시다. 플젠에서 남쪽으로 40킬로미터 떨어진 곳으로, 슈마바로 가는 길목에 있는 교통과 산업, 교육의 중심지다. 시 중심의 여러 첨탑은 이 도시의 상징이다. 석양의 스카이라인이 아름답기 그지없다. 시청 건물은 르네상스 양식으로 창문이 넓고 천정이 높아서 쾌적해 보인다. 시청 건물 곳곳에 역사적인 그림과 천정 서까래의 디자인이 화려하다. 전형적인 르네상스 실내 장식이다. 텔츠와 체스키크루믈로프 궁의 르네상스 천정의 디자인과 닮았다. 서까래에는 아름다운 그림들을 그려져 있다.

오늘날 카네이션 공원과 카네이션 무역으로 명성이 높은데, 요세프 볼샨스키J. Volšanský라는 장교가 나폴레옹 전쟁 직후 이곳에 정착하면서 프랑스 낭시로부터 카네이션 씨앗을 가지고 온 것에서 유래되었다. 특히 유명한 정원사 요세프 첼레린J. Celeryn 덕택에 클라토비 카네이션은 체코뿐만 아니라 유럽에서 잘 알려져 있다.

클라토비의 역사는 바로 체코의 역사다. 위대한 왕 오타카르 2세가 1260년에 이 도시를 건설했고, 이때부터 체코에서 독일 바바리아 Bavaria로 가는 중요한 무역로의 중심이었다. 특히 카렐 4세 등 룩셈부르크 왕조 시대에 정치적, 경제적으로 번창했다. 16세기는 이 도시의 전성 시대였다. 그 당시 건립한 검은 탑Černá věž Klatovy과 흰 탑 그리고 교구 교회와 시청 건물은 랜드마크가 되었다. 시 광장 남쪽에 장엄하게 높이 솟아 있는 검은 탑 건물은 높이가 81미터나 되며 이탈리아 건축가 안토니오 드 살리A. Sally의 작품이다. 5층까지 226개의 계단을 올라가니 창밖으로 클라토비 시와 주변 아름다운 농촌 풍경, 슈마바 지역이 한눈에 들어온다. 탑 꼭대기에 올라가면 더욱 신비로운 장면이 펼쳐진다. 시계 장치의 정교한 모습과 본드라 종이 체코인들의 장인정신을 말해준다. 종은 옛날에는 시간을 알려주었지만, 이제는 축제가 열리면 울린다고 한다. 원래 이 탑은 화재와 적 침입 감시용으로 사용되었다. 물론 이 도시의 부와 영광의 상징이기도 하다. 소도시나 큰 도시의 교회 탑이나 시청의 탑이 이를 상징한다.

탑 바로 앞에 있는 바로크 양식의 예수교회는 성모마리아와 성 아그나티우스를 기리는 교회로 화려한 외관과 장식이 눈길을 끈다. 카를로 루라고Carlo Lurago가 1656년에 건축한 후, 여러 세기를 거쳐서 재건축을 기듭했다. 십자가의 어깨에 둥근 지붕을 얹은 라틴십자가 형태로 지었다. 이는 전형적인 예수교회 양식이다. 바로크 교회 정문 입구는 디엔젠호페르의 작품을 그대로 보여주고 있다. 예수교회 건물은 고등 교육을 책임졌던 예수교 대학과 밀접히 연관되어 있다.

수시체의 중심을 지키는 시청 건물

대학 건물은 예수교 해체 이후 군 막사와 맥주 양조 학교로 사용되었고, 1990년 이후로 쇼핑센터와 시 도서관으로 사용되고 있다.

  이 도시에 또 주목할 만한 건물은 하얀 외뿔소U Bileho jednorožce 건물인데, 이곳의 의약 전시장은 체코가 지정한 문화유산으로 의약품 발달의 역사를 한눈에 볼 수 있다. 건물 내부의 화려한 장식과 디자인 그리고 가구 모두 진기한 물건이다.

  광장에서 조금 벗어난 골목길에 약간 거무튀튀한 건물은 도시에서는 가장 오래된 성모마리아 부주교 교회 건물이다. 13세기에는 고딕 양식으로 시작했으나, 재건을 거듭해 15세기에 원래의 모습을 완전히 사라져버렸다.

클라토비에는 예수파들의 예수교회, 예수회 대학, 카타콤 지하 묘지, 바로크 약국이 세워지고 교육 문화 전통이 부활하기 시작했다. 특히 카타콤, 즉 지하 무덤에는 잘 보전된 미라가 있다. 이곳은 1670년대에 건축되었을 때부터 예수교회 성직자와 시의 중요 인물의 무덤이었는데, 특수한 환기 장치와 맥주 재료로 쓰는 호프로 처리하여 300여 년 전의 인간의 모습을 그대로 보여주는 미라 30여 개가 잘 보존되어 있고 관광객들에 인기 있는 볼거리를 제공하고 있다.

이곳의 축제는 국제 민속 축제가 가장 자랑할 만하다고 한다. 매년 7월 둘째 주간에 개최되는 클라토비 축제의 일환으로 열리는 민속 축제에는 국내외 여러 민속 의상을 입은 무용단과 음악 단체가 와서 춤추고 노래하고, 시가지를 지나는 퍼레이드가 장관이다. 무엇보다도 1931년부터 개최되는 카네이션 전시회는 수천 가지 카네이션으로 화려하기 그지없다.

또 가을철은 성 바츨라프의 기마행렬이 장관이다. 이곳 마사회가 자발적으로 참여하는 행사로, 와인과 이 지방 특유의 빵과 음식 맛을 볼 수 있다고 한다. 10여 년 전에 모라바 지역의 키요프에서 왕의 기

카네이션 공원과 무역으로 명성이 높은 클라토비의 다양한 카네이션

마행렬을 본 적이 있는데, 체코는 역사 이래 말과 인간의 밀접한 관계를 유지해오고 있다. 체코 어느 지역을 가나 승마가 국민 체육으로 자리 잡고 있다. 축제날은 광장에서 각종 묘기, 진기가 벌어진다.

미술 전시회도 자주 열린다. 특히 바로크 약국 건물에 위치한 하얀 외뿔소 갤러리에는 놀라울 정도로 많은 체코 현대 그림이 전시되어 있다. 클라토비에서 13킬로미터 떨어진 클레노바Klenova 성에는 체코 현대 미술 전시장이 있다. 원래 폐허가 된 성곽과 19세기 장원의 대저택, 빌라, 곡물 가게, 농장과 네오고딕 양식의 성 펠릭스 교회 등으로 이루어진 매우 낭만적인 분위기를 풍기는 곳이다.

이외에 클라토비 주변에는 각각의 특색을 지닌 여러 고성이 있다. 30킬로미터 떨어진 곳에는 볼만한 성들이 많은데, 15세기 말에 건설된 물길과 적과 동물의 침입을 방어하기 위한 해자 덕택에 한 번도 정복당하지 않았다는 슈비호프 성Vodní Hrad Švihov u Klatov은 중세 성곽이 얼마나 단단한 요새였는지 말해준다. 캄보디아 앙코르와트의 해자나 유적에 비해 규모 면에서는 작지만, 예술적 디자인은 이곳이 더 멋지다.

클라토비에서 남동쪽으로 40여 킬로미터 떨어진 라비성Hrad Rabí은 체코 전역에서 가장 큰 규모이며 폐허가 된 성이다. 13세기에 세워진 이 성곽은 당시 유럽에서 가장 선진적인 기법을 보여주었다. 후스파의 위대한 장군 얀 지슈카가 이 성을 점령하려다가 한 눈을 잃게 되어 외눈의 무패 장군이란 별명을 얻었다. 그런데 그다음 해에 다시 재정복하다가 나머지 눈도 잃게 되었다.

이 성 외에도 주변에 크고 작은 성이 수없이 많다. 19세기 초 낭만주의 시인 카렐 히네크 마하는 이러한 고성들과 사형 집행장을 유랑하며 멋진 이야기나 낭만주의 시를 쓰곤 했다. 이처럼 성들은 시인들과 예술가들에게 예술적 영감을 주기도 한다. 이 지역 출신으로 전 슬라브 지역에서 슬라브 언어학의 창시자인 요셉 도브로프스키J. Dobrovský (1753~1829)가 예수교회 라틴어 학교에서 교육을 받았다. 또 이 지역 토박이 바츨라프 크라메리우스V. M. Kramerius (1753~1808)는 이곳의 라틴어 학교를 다녔는데, 《체코 특급》이라는 신문을 발행하고 작은 책들과 팸플릿을 만들어 체코 사람들을 교육시키면서 체코의 교육에 크게 공헌했다. 또 이 지역 출신으로 지질학의 창시자 얀 크레이치J. Krejčí (1825~1887)도 있다.

클라토비의 상징인 검은 교회

1861년에 시 합창단이 창립되면서 음악이 발달했고, 1812년 인문계 고등학교가 생기면서 오늘날까지 교육의 중심 도시가 되었다. 이 학교의 졸업생 85퍼센트가 대학 및 직업 전문대학에 진학할 정도다. 19~20세기를 거치면서 클라토비에서는 식품 산업, 직물, 가죽 산업이 발달했고, 오늘날에는 슈마바 산간 지역의 중요한 문화, 사회, 경제 중심지로 발돋음하면서 과거의 영광을 누리고 있다.

플젠 맥주 박물관 탐방기

프라하에서 차로 한 시간이면 올 수 있는 플젠은 프라하로부터 남서쪽으로 약 90킬로미터 떨어져 있다. 플젠은 1295년에 체코 왕실 도시로 시작하여 긴 역사를 지니고 있다.

이곳에는 세계 최초의 맥주 공장과 맥주 박물관이 있다. 필스Phils라는 라거 맥주는 플젠에서 시작되었기 때문에 그러한 이름이 붙은 것이다. 맥주 공장 정문의 아치는 개선문 같다. 거대한 벽돌 굴뚝만 없었더라면 박물관에 들어가는 기분이다. 유럽 맥주의 효시인 필즈너 우르켈Pilsner Urquel 공장이다. 넓은 공간의 공장 견학 티켓을 파는 곳에 들어오니, 오래된 맥주 통과 맥주 양조 도구들이 눈길을 끈다. 이 공장의 맥주 양조 역사부터 맥주 제조 과정을 자세히 살펴볼 수 있다. 체코에서 밝은 맥주라고 하면 황금빛 라거 맥주를 말한다. 그리고 호프를 볶아서 만든 것이 흑맥주다. 이를 반반 섞어서 마시면 절반씩 칼로 잘랐다는 뜻으로 르제자네 맥주řezané pivo라고 한다.

이미 10세기경부터 체코에서는 맥주를 제조하여 마시기 시작했으므로 그 유래가 깊다고 할 수 있다. 대표적인 맥주 생산국인 독일에 비교해도 손색이 없을 만큼 맥주의 종류와 품질에 있어서 세계 최고를 자랑한다. 사실, 세계 제1위 맥주 소비국은 체코공화국으로, 최초의 필스너가 탄생한 국가로서 맥주의 기본을 제시하고 있다. 필스너를 위시하여 감브리누스, 부드바르Budvar(버드와이저의 원조), 호도바르Chodovar 등은 3개월 이상의 자연 발효 공법을 통하여 맥주의 본래 맛을 유지하고 있다.

플젠의 맥주 공장 정문

　체코의 대표적인 맥주에 대해 살펴보자. 첫 번째로, 필스너 맥주가 긴 역사 동안 성장할 수 있었던 것은 체코 왕국의 보호하에 있었기 때문이다. 13세기 바츨라프 2세가 체코 왕권을 강화하고 지방 도시를 개발하여 자치권과 맥주 주조권을 부여하는 등 도시를 확장했다. 그러면서 왕권의 보호하에 맥수 제조입이 본격저으로 발달하기 시작했다. 15세기에는 독일의 바이에른 맥주 공장에서 새로운 라거 제조법을 도입하여 플젠 맥주는 또 한 번 도약을 시도했다.

　플젠에서는 1840년대에 이르러 맥주 제조의 혁명적인 변화가 일어났으며, 대다수 맥주 회사들은 새로운 맥주 회사를 설립하기로 결정했다. 이렇게 생긴 시립 맥주 회사Měst'anský pivovar는 1842년 10월 5일부터 생산을 시작했다. 생산된 맥주들은 지역 시장뿐 아니라 지역 외 시장에서도 명성을 쌓아가기 시작했다. 1859년에 이르러 필스너 우르켈은 프라하의 35개 대형 맥주홀에서 판매되었으며, 19세기 후반에는 대부분의 유럽뿐만 아니라 미국에서도 판매가 시작되었다.

필스너가 유명해지기 시작하면서 필스너의 맛과 품질을 재현해 보려는 해외의 여러 국가로 제조 기술이 급속히 확산되었다. 현재

플젠의 맥주 박물관 지하

우리가 마시는 라거 맥주의 대부분은 필스너 공법으로 만들어진 것이다. 필스너 우르켈은 필스너 공법으로 만들어진 최초의 맥주로, 필스너를 표방하는 모든 맥주는 필스너 우르켈을 모방하여 만들어졌다. 그러나 우르켈은 원조로서의 필스너 우르켈만이 사용할 수 있는 고유한 명칭이다.

맥주 공장을 둘러보고 맥주 박물관을 찾았다. 플젠스키 프라즈드로이Plženský Prazdroj 맥주 박물관은 15세기의 맥주 양조장에 위치하고 있다. 일반적인 맥주 제조 과정과 역사 및 오래전부터 사용했던 맥주 제조 도구와 그릇 등을 일목요연하게 볼 수 있다. 맥주의 생산, 저장, 이동 수단 등 흥미로운 도구들이 눈길을 끈다. 맥주 박물관을 돌아보니 시대를 거슬러 올라가 중세부터 전해오는 맥주에 관한 전설과 맥주 만드는 비밀을 비롯하여 실질적인 맥주 생산에 쓰인 손때 묻은 도구들을 볼 수 있다. 특별 요금을 내면 지하 2층에 있는 특별 전시실도 관람할 수 있다. 박물관 견학이 끝나면 생맥주를 시식할 기회도 있다. 바로 옆 공장에서 가져온 것이라 그런지, 분위기 때문인지, 맛이 한결 신선하다. 지하 전시실에는 수많은 복도와 지하 창고와 우물 등 지하 미로가 펼쳐져 있다. 쿠트나 호라의 지하 은광을 연상시킨다. 지하 창고는 14세기에 시작되었고 시 중심부까지 펼쳐져 있어 플젠 시의 과거와 현재를 이어주는 주요 문화유산이다. 지하 통로 투어는 지하 9~12미터 깊이에서 약 800미터를 탐방한다.

플젠 시 벨레슬라비노바Veleslavvinova 6번지에 있는 맥주 박물관은 오랜 준비 끝에 2009년 4월 1일에 개방했다. 계단을 내려가면 얼음을 보관하던 지하 얼음방에서 투어가 시작된다. 얼음방은 독창적인 구조를 하고 있는데, 맥주 제조 공정의 일환으로 지하 1층 상단에 위치하며, 이곳으로부터 천천히 녹는 얼음물이 하단에 위치한 커다란 맥아 발효실로 흘러들어가서 그곳을 차갑게 유지시킨다.

지하 공장 지역은 13세기 도시 창립과 동시에 맥주 제조 공정 시설의 첫 건물과 함께 시작되었다. 지하 공장 시설의 마지막 부분은 18세기에 발굴되었다. 지하 창고들은 음식물을 저장하기 위해 만들어졌지만, 곧 맥주 제조 공장으로 사용되었다. 지하실에는 우물과 구덩이가 있어서 물을 긷는 역할도 했다. 원래는 360개의 우물과 물웅덩이가 있었는데, 개방된 것은 20여 개다. 또한 지하 공간은 시 방호벽으로도 사용되었다. 세월이 흐르면서 지하실은 더 확장되었고, 지하 3층 규모로 커졌다. 넓고 긴 지하 공간은 전쟁과 동란 시대에 방어 진지로 사용되었다. 이와 같이 긴 지하 통로는 음식물 저장소와 플젠 시민의 대피소 역할뿐만 아니라 통신 수단으로도 사용되었다.

지하실 투어를 통해 중세 시대의 플젠 시민들의 생활상을 엿볼 수 있다. 당시에 사람들이 무엇을 먹었으며, 음식을 준비할 때 어떤 도구를 사용했고, 어떤 수공예품을 만들어 사용했는지 전시되어 있다. 16세기에 시작된 플젠의 역사적인 급수탑은 체코 전역에서 기술적인 기념물 중 가장 잘 보존된 것이다. 1847년부터 사용한 수차, 물레바퀴 등 펌프 시설을 볼 수 있다. 물론 급수탑도 방어벽 체계와 연결된 요새의 한 부분이었다.

맥주 박물관의 기념품 가게에는 책자와 맥주에 관한 여러 가지

우르켈 공장에 딸린 감브리누스 맥주 공장

소품이 있다. 맥주 맛보기 코인을 들고 가면 박물관에 딸려 있는 선술집에서 맥주를 마실 수 있다.

 시간이 허락하면 필스너 우르켈 공장에 딸려 있는 감브리누스 맥주 공장 투어도 즐길 만하다. 2010년부터 대중에게 개방하여 맥주 만드는 과정 등을 구경할 수 있다. 체코에서 가장 큰 규모(500석)인 선술집 레스토랑 나스필체Na Spilce Restaurant에서 감브리누스 맥주를 마시며 분위기를 즐겨보자.

 플젠 시 중심 광장에는 거대한 고딕 성당이 광장에 우뚝 솟아 있다. 이곳에서 신기한 경험을 했다. 새로 막 결혼식을 올린 신랑신부가 성당 정문으로 나와서 기념사진을 찍고 있었다. 갑자기 경찰차 한 대가 가까이 다가오더니, 신부와 신랑에게 수갑을 채워 차에 태왔다. 그런데 30여 명의 하객들이 놀라운 기색도 없이 바라보고만 있었다. 경찰차는 사이렌을 요란하게 울리며 광장을 한 바퀴 돌고는 금세 같은 자리로 돌아왔다. 그리고 수갑을 채운 신부와 신랑을 힘들게 차에서 내려놓더니 수갑을 풀어주었다. 신랑신부는 연신 웃고만 있었다. 한 하객에게 물어보니 신랑의 친한 친구가 경찰이어서 결혼식 놀이를 벌인 것뿐이라고 한다. 체코에서는 가까운 친구와 친지 30~40여 명만 불러서 소박하게 식을 올리고 만찬이나 오찬을 즐긴다. 대개 교회나 성당에서 결혼식을 간단히 올리고 광장에서 기념사진을 찍고 식당에서 파티를 연다.

성당은 플젠의 랜드마크답게 광장의 북쪽 면을 차지하고는 광장을 압도하고 있다. 고딕 양식의 첨탑을 자랑하는 성 바르톨로메이 대성당Sv. Bartolomej이다. 첨탑의 나라 체코에서도 가장 높은 교회 탑으로, 103미터나 된다. 300여 개의 좁은 계단을 따라 올라가면 도시 전체와 도시를 둘러싸고 있는 넓은 평야와 숲을 볼 수 있다. 성당 안에는 아름다운 벽화의 흔적과 채색 유리, 14세기에 만들어진 정교한 대리석 마돈나와 아기 예수상이 눈길을 끈다. 성당의 동쪽 끝의 성상 안치소의 남쪽에 붙여 만든 후기 고딕 양식의 슈텐베르크 예배당Šternberská kaple은 공중에 뜬 것처럼 보이는 서까래에 의해 지탱되는, 돋을새김을 한 특이한 아치형 천정을 가지고 있다.

이 성당의 서쪽 출입구에서는 흑사병을 이긴 기념으로 1681년에 조각가 비트만K. Widman이 세운 거대한 기둥이 눈에 들어온다. 북쪽 면에 아름다운 르네상스 건축물이 눈길을 끄는데, 플젠 시청이다.

1555~1558년 이탈리아 건축가 지오반니 스타지오Giovanni Stazio가 지었다. 건물 겉면의 스그라피토 장식은 개보수한 것이다.

플젠 시 광장 주위는 바로크 양식의 건물과 세기말 세기 초의 건물들이 빙 둘러싸고 있다. 골목길에서 도시 뒷골목의 분위기를 맛보며 프란시스코 수도원, 서체코 박물관, 서 체코 미술관 등을 찾아가 볼 만하다. 도미니칸 성 안네 교회 수도원은 1804년에 학교(현재 국립 과학 도서관)로 바뀌었는데, 스메타나가 다녔다고 한다.

플젠 시는 여러 정원으로 둘러싸여 있는데, 성 안네 수도원 남쪽에 스메타나 정원이 있다. 카예탄 틸 극장, 스메타나 기념탑도 찾아볼 수 있다. 극장 북서쪽에는 1892년에 지은 대시너고그는 체코에서 가장 큰 규모의 유대교 교회다. 네오로마네스코 양식의 아름다운 건축물로, 이 지역에 살던 3000여 명의 유대인들의 성지다.

종교의 자유와 법

체코는 유럽에서 최초로 종교를 선택할 수 있는 자유가 부여된 국가였다. 또한 가톨릭에 대항해 종교운동을 일으킨 최초의 민족이었다. 그러나 현재 체코는 유럽에서 비신도의 비율이 가장 많다. 전체 국민 중 60퍼센트에 이르는 사람들이 무신론자이며, 9퍼센트는 아예 종교에 관심이 없다고 대답한다. 공산주의 체제를 도입한 직후인 1950년대 초반만 해도 종교를 지닌 사람이 전체 국민의 94퍼센트에 이를 정도였는데 말이다.

체코인들은 왜 종교에 무관심해졌는가? 18세기부터 합리주의가 사회의 지배적인 원리로 작용하여 종교가 쇠퇴하기도 했지만, 복잡하고 피로 얼룩진 종교의 역사를 살펴보면 그 해답을 찾을 수 있다. 역사적으로, 체코에서 전쟁은 주로 종교와 관련된 것이었다. 특히 17세기 빌라호라Bilá Hora전투 이후는 암흑기라는 말로 표현될 정도로 체코 역사에서 가장 비참하고 처참한 순간이었다. 이 전투는 17세기 유럽의 30년전쟁 중에서 가장 치열했던 전투 중 하나로, 이 전투에서 패배한 체코인들은 재산을 몰수당하고 신념과 종교를 버려야 했다. 마지막까지 신념을 지키던 사람들은 형장의 이슬로 사라지거나 국외로 도망쳤다. 가톨릭과 후스파와의 전쟁에서 진 결과, 체코는 종교를 자유롭게 선택할 수 없는 가톨릭 국가로 변모했다.

14세기 말 가톨릭교회의 부패상이 점점 더 심해지면서 교회를 비판하는 목소리가 커졌다. 당시 가톨릭교회는 갖가지 명목으로 신도들의 재산을 교회에 바치게 했다. 면죄부 판매는 물론 고해성사 및 성지순례를 위해서도 일정한 액수의 금액을 거두었다. 더군다나 성직 매매가 성행하여 부패한 성직자들을 양성해냈고, 돈으로 얻은 성직을 다시 되파는 등 추악한 모습을 드러냈다. 교회의 재산과 권력은 실로 막대했으며, 때로는 왕권에 못지않은 권력을 행사하기도 했다. 당시 카렐 대학 신학부 교수였던 얀 후스는 가톨릭교회와 교황을 정면으로 비판했다. 그는 교회가 본래의 모습인 영혼 구원에 매진해야 하고, 『성경』을 올바로 해석하는 성직자와 성도가 필요하다고 역설했다. 또 라틴어로만 예배 의식을 거행하던 것을 성도들이 이해할 수 있는 민족어, 즉 체코어로 해야 한다고 강력히 주장했다. 교황을 비롯한 독일계 신학자들과 귀족들은 후스를 적대시했으며, 이단자라고 불렀다. 결국 후스는 1412년 교황에 의해 파문당했고, 1415년 콘스탄츠공의회에서 화형당했다.

후스의 처형으로 보헤미아와 모라바의 귀족들이 가톨릭교회에 대항했고, 체코인들 역시 외국인들에 의한 후스의 처형을 민족적인 치욕으로 여겼다. 후스의 가르침을 받들고 저항에 나선 이들은 '프라하 4개항'을 선언하여, 양성체 허용, 공평한 법 적용, 자유로운 설교 활동, 성직자들의 세속화 반대 등을 주장했고, 교황과 독일인 중심의 십자군에 맞서 전쟁을 벌였다. 결국 1434년 리파니전투 이후 가톨릭 측과의 협상을 통해 후스파가 주장하던 양성체가 공인되었고, 체코어로 설교할 수 있는 자유, 종교를 선택할 수 있는 자유가 보장되었다.

그러나 이렇게 획득한 종교의 자유는 16세기에 들어 위협받기 시작했다. 합스부르크 왕이 체코 왕을 겸직하면서 다시 가톨릭교회가 득세했던 것이다. 재가톨릭화 정책에 대한 반발로 후스주의를 따르는 체코인들과 가톨릭계 독일인들의 충돌이 시작되었고, 이것은 급기야는 유럽 전체를 뒤흔드는 30년전쟁으로 이어졌다. 1618년에서 1648년까지 30년 동안 전쟁의 주 무대였던 체코는 황폐화되었고, 살아남은 체코인들은 모두 가톨릭으로 개종해야 했다. 체코인들의 패배가 결정된 1620년 빌라호라전투로 언어와 문화까지도 모두 포기해야 했다. 당시 체코어로 된 책은 이단자들의 언어라는 이유로 불살라지는 체코판 분서갱유 사건도 벌어졌다.

체코에서는 1차 세계대전이 끝난 후에야 다시 완전한 종교의 자유가 보장되었다. 그러나 1948년 공산 정권이 들어서면서 종교가 탄압받았고, 이런 상황은 1989년까지 이어졌다. 공산 정권이 무너진 후 종교의 자유가 보장되었지만, 체코인들은 더 이상 종교에 관심을 갖지 않았다. 계속되는 종교 전쟁과 갈등으로 종교를 갈등과 불화의 원인으로 여기게 되었던 것이다. 20세기에 들어와서 세계적인 탈종교화 현상과 맞물리면서 체코에서 종교는 더 이상 구원의 의미를 지니지 않는다.

 기독교의 대표적인 축제인 성탄절과 부활절 등은 비교적 잘 지켜지고 있으며, 여전히 농촌 지역에서는 일상적인 종교의 역할이 중요시된다. 그러나 전통문화로서 남아 있을 뿐, 오히려 비종교적 의미가 두드러지기도 한다. 프라하 같은 대도시의 성당이나 신교 교회는 일요일을 제외하고는 문화적인 행사와 음악회를 연다. 거대하고 화려한 가톨릭 성당에서 종교와는 아무런 관계 없는 클래식 연주회나 한국의 농악 등 고전 음악회도 개최하곤 한다. 교회나 성당도, 이제는 모든 시민들이 즐기는 문화를 제공하는 장소로서의 역할이 커지고 있다.

지방색, 지역감정

체코는 보헤미아와 모라바 그리고 슬레스코로 구성되어 있다. 보헤미아는 프라하를 중심으로 독일과 국경을 면한 서쪽 지역이고, 모라바는 브르노를 중심으로 체코와 국경을 면한 남동쪽 지역을 일컫는다. 슬레스코는 폴란드와의 국경 지역을 중심으로 한 체코의 북동부 지역을 의미하지만, 실제로 그 구분은 두드러지지 않는다.

보헤미아 지역은 16세기부터 제국의 가장 발달된 지역이었다. 제국 산업 생산 시설의 40퍼센트 이상이 보헤미아에 집중되어 있었고, 제국 전체 세입의 절반 정도를 보헤미아에서 거두어들일 정도였다. 은광 채굴이 본격화되면서 보헤미아는 유럽에서 가장 부유한 지역이 되었고, 산업의 발달로 보헤미아에는 많은 도시가 생겨나서 도시에 거주하는 시민들은 자유주의 사상을 받아들이고 기존의 권위에 저항하기도 했다. 그래서 보헤미아에서 맨 처음 종교개혁이 시작되었고, 귀족들도 동조하며 가톨릭 위계질서에 정면으로 맞섰다. 19세기에 들어서는 농촌 출신 도시에 거주하는 지식인들을 중심으로 체코의 민족부흥운동이 나타나기도 했다.

반면 모라바 지역은 전통적으로 농촌의 비율이 높고 가톨릭의 전통이 강해서 보헤미아에 비해 보수적인 경향이 뚜렷하다. 토착 귀족들과 독일 귀족들의 세력이 유난히 강했던 탓에 현재까지도 보헤미아와는 구분되는 지방색이 뚜렷하게 남아 있기도 하다. 언어적으로는 모라바의 중심인 브르노에서 사용되는 언어가 표준 발음이지만, 보헤미아의 중심 프라하에서는 프라하의 독특한 사투리가 많이 사용된다.

두 지역의 지방색이 비교적 뚜렷하지만 지역감정이 표출되기 시작한 것은 공산 정권이 무너진 뒤부터였다. 지역감정의 기저에는 체코 민족의 기원에 관한 전설이 있다. 옛 슬라브 전설에 따르면, 체흐Czech, 레흐Lech, 루시Rusi라는 삼형제가 있었다고 한다. 삼형제는 길을 떠나 각기 다른 곳에 정착하게 되는데, 막내 루시는 지금의 우크라이나 키예프 근처에 정착해 러시아인의 기원이 되었고, 둘째 레흐는 지금의 폴란드 그니에즈노에 정착했으며, 막형 체흐는 서쪽으로 이동해서 지금의 프라하 근교 르지프Rip 산 근처에 정착했다. 기록 역사도 사실 체코가 제일 빠르고 그다음 폴란드에 이어 러시아가 가장 늦다. 11세기에 기록된 코스마스 연대기와 체코 작가 이라세크A. Jiársek에 따르면, 바로 이곳이 체코 민족의 역사가 시작된 곳이며, 이곳을 중심으로 체코 민족이 번성하기 시작했다고 한다. 실제로 르지프 산 근처에서 고대인들의 유물과 유적이 발굴되고 있다.

그러나 문제는 르지프 산 주변에서 발굴되는 유적과 유물의 양이 그리 많지 않다는데 있다. 다시 말해 지금의 보헤미아 르지프 산에 체코인들의 조상이 정착했다는 것은 전설에 불과하다는 뜻이다. 모라바인들은 보헤미아인들이 19세기 말에 자치권 확대 등을 위해 자신들의 정체성을 확립해야 했고, 이를 위해 체코인들의 조상이 보헤미아에 정착했다는 전설이 필요했다고 주장한다.

이런 전설과는 달리 체코에 전해지는 가장 오래된 역사적 실체는 대모라바제국이라는 정치적 공동체였다. 대모라바제국은 지금의 모라바와 보헤미아, 체코 그리고 폴란드 남부를 아우르는 광대한 규모였고, 그 중심지는 모라바의 브르노 부근이었다. 그래서 모라바인들은 현재 체코의 기원이 모라바에 있다고 주장한다.

그러나 양 지역의 지역감정은 역사의 기원보다는 두 지역 간의 경제적인 격차와 신앙과 신념의 차이 때문이다. 서쪽에 위치한 보헤미아가 경제적으로 발달되어 있고 정치, 경제, 문화, 교육의 중심지인 반면, 브르노를 중심으로 하는 모라바 지역은 보헤미아에 비해 낙후된 지역이 많고 경제 수준이 낮아서 상대적인 박탈감을 느끼고 있다. 소득 격차와 더불어 확연하게 구분되는 실업률도 두 지역의 지역감정을 자극하는 요인이다.

또한 종교의 비율이 낮은 보헤미아와 가톨릭의 비율이 높은 모라바의 차이 역시 지역감정을 자극하는 요인인데, 이런 상황을 정치적으로 이용하려는 세력이 있다. 모라바를 중심으로 한 모라바자치당이나 농민당, 가톨릭을 기반으로 하는 기독민주당 등은 암

암리에 지역감정을 자극하는 발언을 하기도 한다. 또한 개방적인 보헤미아에서는 시민민주당이, 그리고 보수적이고 전통적인 모라바에서는 사회민주당이 지지층을 확보하고 있어서 각 정당 간의 경쟁이 곧 지역감정으로 이어질 수 있는 여지가 있다.

재미있게도, 프라하 사람들은 체코에 지역감정이 존재하지 않는다고 대답한 반면, 모라바 출신들은 양 지역의 차이가 있고 지역감정은 아니더라도 상대적으로 소외된 감정을 느끼거나 박탈감을 느끼고 있다고 대답했다. 요컨대, 보헤미아와 모라바 간에 뚜렷한 지역감정이 존재하는 것은 아니지만 지방색은 분명 존재하며, 여러 가지 삶의 방식에서도 차이를 찾아볼 수 있다.

집시와 롬

집시는 집시 민족말로 로마Roma 혹은 롬Rom이라고 부른다. 그래서 어떤 사람들은 집시를 로마인의 후예로 생각하기도 한다.

1990년에 사회주의 체제가 붕괴되고 이듬해 첫 여름에 프라하 시내에서 집시 여인 셋과 어울려 술을 마시고 춤을 춘 적이 있는데, 모두 명랑하고 친절했다. 그래서 어느 민족이냐고 물었더니 롬 또는 로마라고 하기에, 나는 그들이 로마인들의 후예인 줄 착각했다. 그 이전에는 집시를 본 적이 없었기 때문이다. 헤어지려고 하니 그들의 집으로 가자고 했는데, 남모르는 여인들의 제의를 받아들이기가 조금은 두려워서 다음을 약속하고 헤어졌다. 이튿날 프라하에서 평생을 산 푸체크 교수에게 물어보았더니, 따라갔다면 이상한 약을 탄 음료수나 술을 먹고 잠든 사이에 가진 것을 모두 털렸으리라고 한다. 그래서 이던 체코인들은 집시들이 일정한 거주 지역도 없이 떠돌아다니면서 범죄를 저지르는 암적인 존재라고 비하하곤 한다.

3부

도시마다 색다른 매력을 감춘 모라바와 슬레스코

또 다른 체코 모라바, 슬라브 민족의 거점 슬레스코, 프라하와 보헤미아와는 또 다른 매력을 지닌 체코 동부와 북동부 지역을 돌아보자.

예스러운 아름다움의 텔츠

이흘라바 Jihlava

텔츠를 가려면 프라하에서 차를 몰고 브르노 방향으로 가다가 이흘라바를 거쳐야 하는데, 고풍스럽고 옛 정취를 물씬 풍기는 아름다운 작은 도시다. 프라하에서 한 시간 반 정도면 충분해서, 체코 남쪽 지방 유적지 탐방에 나섰다.

브르노행 고속도로는 황량하고 2차 세계대전 때 건설한 이후로 별로 수리하지 않아서 길이 평탄하지 않다. 이흘라바로 향하는 국도와 지방도로의 풍경은 그림 같다. 체코에서 차창 밖 풍경을 감상하려면 고속도로, 국도, 지방도로 중 어디가 좋은가 하는 질문은 오페라나 뮤지컬을 감상하기 위해 일반석, 1등석, 로열석 중 어디에 앉을 것인가에 견줄 수 있단다.

이흘라바라는 이름은 도시를 가로지르는 이흘라바라는 강에서 따왔다. 이 강에는 아주 날카로운 돌들이 많은데, 침이나 바늘 jehla(예흘라) 같아서 이흘라바라고 불린다. 이 도시의 유명한 맥주가 예제크 Jezek인데, 이 또한 예흘라라는 단어와 관계가 있다. 예제크는 체코어로 고슴도치를 뜻한다. 어미 고슴도치는 오이 밭에서 뒹굴어서 작은 오이를 바늘에 꽂아 새끼에게 먹인다. 프라하 카예탄카 기숙사 옆 잔디밭에서 여름마다 고슴도치를 구경하곤 했는데, 슬로바키아 브라티슬라바 성 바깥 정원에서도 여러 번 보았다. 고슴도치는 깨끗한 환경에서만 살기 때문에 그만큼 청정 지역이라는 뜻이다.

중세의 도시 이흘라바는 조용하고 작은 도시이지만, 구스타프 말러가 유년 시절을 보낸 것으로 유명하다.

    이흘라바는 체코에서 가장 오래된 광산 도시여서 부유한 중세 도시로 성장했다. 교회, 수도원, 성벽, 대저택들이 옛 모습을 잘 간직하고 있다. 작은 도시 전체가 아름다운 예술 작품이라고 할 정도다.

체코에서는 어디를 가나 아름다운 도시와 광장을 볼 수 있다. 고딕 성당은 광장을 제압할 만큼 위용을 자랑한다.

텔츠 자하리아슈 광장

텔츠에 들어서면 자하리아슈 광장Náměstí Zachariaše z Hradce이 보이는데, 꼬불꼬불하고 아기자기한 길을 따라 예쁜 건물들을 지나 광장 초입에 들어서는 순간 영화 세트 같은 풍경이 나타난다.

대개 체코의 광장은 정사각형이나 직사각형인데, 자하리아슈 광장은 약간 균형이 맞지 않는 직사각형이다. 그 옆으로 영화 세트장 같은 건물이 광장을 따라 줄줄이 도열해 있었다. 15세기 르네상스

16세기에 대화재로 전소된 후, 이곳을 이어받은 자하리아슈 영주가 텔츠를 재건할 때 르네상스나 바로크 양식으로 집을 짓도록 하면서 지금의 아름다운 모습을 갖추게 되었다.

양식을 거쳐 17세기 바로크 양식에 따라 지어진 건물은 마치 동화 속 마을에 온 듯한 느낌이 든다. 러시아의 상트페테르부르크의 로시 거리에서 18세기 네오클래식 건물이 도열해 있는 것을 보고 장관이라고 느꼈는데, 이곳이 훨씬 예술적이고 인간적인 풍미를 자아낸다. 광장 건물 앞에 주차된 자동차만 없다면 타임머신을 타고 중세로 돌아간 듯한 착각이 든다.

자하리아슈 광장 옆의 야외 카페에서 맥주 한 잔을 마시는 것도 별미다. 그 중에서도 필즈너 우르켈은 체코 맥주의 시작이자 유럽 맥주의 시작으로, 서보헤미아의 플젠에서 생산하는 맥주다. 플젠은 호프가 향이 좋고 물이 좋아서 세계 최고의 맥주를 중세부터 생산해 왔다.

흐라데체 가문의 귀족 자하리아슈의 안목

16세기 중반에 흐라데체 가문의 자하리아슈라는 귀족이 이곳을 통치하기 시작하면서 르네상스 스타일의 도시로 탈바꿈한 텔츠는 오늘날 체코에서 가장 전형적인 르네상스 도시로 꼽힌다. 르네상스 문화의 진수를 보려면 텔츠에 가야 한다는 말이 있을 정도다. 텔츠의 대저택도 자하리아슈가 중세 영주의 거주지인 고딕 양식의 성을 이탈리아 르네상스 양식의 화려하고 편안하고 개방된 대저택(궁전)으로 개축한 것이다. 자하리아슈는 1551년에 이탈리아 제노아로 직접 가서 이탈리아의 르네상스 운동을 직접 목격하고 돌아왔고, 이탈리아의 건축가들과 조각가들을 초빙하여 성을 개축했다. 당시 귀족

체코에서 가장 전형적인 르네상스 도시인 텔츠의 전경

가문이었던 카렐 발트슈테인의 딸 카테리나와 결혼하면서 거대한 유산을 상속받게 되어 텔츠의 부는 더욱 늘어났다.

자하리아슈는 합스부르크왕국에 속하고 가톨릭교를 믿었지만, 교육받은 인본주의 귀족으로서 신교를 믿는 체코인들에게 호감을 가지고 있었고 자비를 베풀 줄 알았다. 그는 라틴어를 완벽하게 했지만, 글을 쓸 때는 체코어로 쓰곤 했다. 성의 내부 장식에 새겨진 글씨가 전부 체코어라는 것이 이를 증명하고 있다. 또 당시의 문헌에서 그를 "아주 훌륭한, 고대 체코 문체를 지닌 친구"라고 묘사하는 문구가 이를 뒷받침하고 있다.

1604년 호라데체 가문이 몰락한 후, 텔츠는 흘룸Chlum과 코슘베르크Košumberk 가문의 빌렘 슬라바타V. Slavata라는 프라하합스부르크 왕국의 총독이 소유하게 되었다. 그는 1618년 프라하 성에서 신교들에 의해 창문 밖으로 내던져진 창문투척사건의 피해자였다. 1618년 5월의 집회에서 체코 귀족들이 프라하 성으로 찾아가 항의 농성을 벌이다가 황실 대표들을 창문 밖으로 내던지면서 창문투척사건이 또다시 발생했고, 이것이 신교들의 반합스부르크항쟁의 신호가 되었다. 이 사건은 30년전쟁(1618~1648)의 도화선이 되었다. 슬라바타는 살아남았고, 그의 가문이 텔츠를 지배했다. 30년전쟁이 끝날 무렵, 신교파에 승리한 가톨릭 예수회의 반종교개혁파들이 텔츠를 장악하고는 예수교회, 예수회 대학과 김나지움을 세웠다. 2차 세계대전 이후로는 국가의 소유가 되었다. 이러한 변화 속에서도 텔츠는 전통을 이어왔고, 역사적인 도시로 성장했으며, 유네스코 문화유산으로 지정되었다.

르네상스 양식의 전형, 텔츠 광장 건물

거대한 직사각형 광장은 르네상스 양식의 광장 중에서는 가장 인상적이다. 텔츠 광장을 둘러싸고 있는 건물 아케이드는 원래 고딕 양식이었으나, 1386년과 1530년의 화재로 건물의 지하나 기둥 등 흔적만 남았고 르네상스와 바로크 양식으로 개축되었다. 대부분의 건물이 따로따로 지어졌지만, 지방 특유의 전통을 존중해서 아래층은 기둥 같은 아케이드이고 그 위에 2층 규모로 방을 만들었다. 대부분

건물의 아랫부분은 르네상스 양식, 윗부분은 바로크 양식의 전형을 따랐다.

　의 건물 2층에는 광장 쪽으로 창문이 있는 거실과 침실이 있고, 정원 쪽으로는 창고용 방이 있다. 건물마다 총안 같은 구멍이 있는 높은 다락은 다뉴브 유역의 베네치아풍으로, 박공벽이 있다. 이러한 건물 중에서도 전형적인 르네상스 스타일은 건물 번호 15/1이다. 이 건물의 벽 전체에 그려져 있는 그림은 1550년대의 것으로, 2층에 툭 튀어나온 퇴창이 특이하다. 그림은 『성서』에 나오는 사울과 다비드의 십자가 처형과 성 크리스토퍼의 믿음과 정의를 형상화하고 있다.
　환상적인 돋을새김과 함께 벽면을 긁어서 장식한 건물인 12/1, 54/1, 55/1도 눈길을 끈다. 인물들을 스그라피토 양식으로 그린 건물 61/1은 르네상스 양식의 완성(1555년)을 의미한다. 베네치아 르네상스 양식에서 따온 박공벽에 『성경』에 나오는 열한 명의 전사를 묘사하고 있다. 이처럼 르네상스 양식의 건물 외관은 많은 이야기를 담고 있는 예술작품 그 자체다.

체코 벽돌공의 손재주

텔츠의 건물에 사용된 벽돌은 이 지역의 가마에서 구워낸 것이다. 이 지역의 벽돌공과 석수는 주택을 건설할 때 내부는 소박하게 하되, 외벽은 화려하게 만들어 찬탄을 불러일으켰다. 1550년 이후로 이탈리아에서 온 석공들도 이 지역 석공들의 건축술에는 큰 영향을 끼치지 못하고 오히려 이 지역만의 건축술을 받아들였다고 하니, 체코인들의 손재주와 건축술을 알 만하다.

그러나 텔츠 광장에서 특별한 위치를 점하고 있는 시청 건물은 전형적인 이탈리아식이다. 자하리아슈가 초청한 이탈리아 건축가의 작품으로, 아주 가치 있는 건축 양식의 하나다. 건물은 몇 번의 화재를 입었고, 1499년에는 지하에 저장해놓은 화약이 폭발하는 바람에 건물이 파괴되어 재건축했다. 시 서기 부인의 실수에 의해 일어난 사건으로, 마침 회의 중이던 시의회 의원들이 희생되었다고 한다.

텔츠 성 저택

이 성에서 가장 화려한 황금의 방은 자하리아슈와 그의 부인 카테리나의 결혼식을 묘사했다. 르네상스 홀은 대부분 천장을 나무 조각으로 장식하거나 서까래를 화려하게 장식했다. 8각형의 나무 테두리에는 가니메데스Ganymedes를 조각해놓았는데, 그리스 신화에 등장하는 인물로 트로이 사람이다. 가니메데스는 가장 아름다운 용모를 가진 인간으로, 제우스가 그에게 연정을 품고 독수리의 모습을 하고 납치해서 신들의 술을 따르는 시종으로 삼았다고 한다. 황금의 방과 푸른 방의 여러 조각과 그림은 고대 신화와 전설에 바탕을 두었으며, 상징적인 의미를 띠고 있다. 이것들은 이탈리아 인본주의 작가 알치아토A. Alciato의 『엠블레마툼 리벨룸Emblematum Libellum』의 그림과 연관이 있다.

황금의 방에 걸려 있는 두 개의 초상화는 체코 땅에서 볼 수 있는 전형적인 르네상스화로, 자이젠네게르J. Seisenegger가 1529년에 그린 흐라데체의 아담 1세의 초상화와 그의 부인 안나의 초상화다. 자하리아슈의 아버지인 아담 1세는 제국의 대법관으로, 황제의 총애를 받았다. 아담 1세의 부인인 안나는 후스파의 이르지 보데브라디 왕의 친척 딸이다.

기사 방의 화려한 대리석 바닥은 르네상스 홀 장식으로는 가장 화려한 것이라고 한다. 수많은 중세 무기들과 갑옷들이 전시되어 있고, 천장에는 그리스 신화에 나오는 용감한 헤라클레스의 활약이 묘사되어 있다. 또 사냥의 신 아르테미스의 그림이 그려진 천장화는 눈부실 정도다. 1570년이라는 연도 표시가 있고 홀 맨 끝에 두드러지게 장식된 독수리는 불멸의 상징인 불사조다.

극장에서도 당시 귀족들의 예술적인 취향을 엿볼 수 있다. 화려

텔츠의 성에서는 텔츠의 전경을 한눈에 볼 수 있다.

한 샹들리에와 우아한 천장 패널이 있고, 벽난로 위에는 사슴을 잡는 헤라클레스의 상이 눈길을 끈다. 뉘른베르크의 기하학적 창유리 또한 당시 유행하던 장식으로 화려한 모습을 자랑한다.

17세기 이후의 성 소유주들은 많은 그림을 들여왔는데, 그 중 가장 화려하고 큰 그림은 〈빌렘 슬라바타의 창밖으로 던져진 모습〉이다. 1618년 창문투척사건을 그린 것으로, 하나님의 가호에 의해 기적적으로 살아났음을 표현한다.

제국 궁정음악의 백작

다음 소유주인 포트스타트스키 리히텐슈타인 백작은 이 성에 아름다운 정원과 제국 스타일의 거대한 온실을 만들었다. 백작은 음악에 조예가 깊어서 자주 음악회를 개최했다. 또 당시 초연한 많은 곡들이 오늘날까지 전해지면서 르네상스 음악의 전통을 세웠다. 텔츠에서는 매년 5월에 이를 기념하여 음악 축제가 열린다. 음악에 대한 조예와 공헌 덕택에 그는 비엔나로부터 '제국 궁정음악의 백작'이라는 명예로운 칭호를 받게 되었다. 북쪽 궁전이라고 불리는 거실에 거대하고 화려한 그림이 걸려 있는데, 요세프 바이드네르J. Weidner 백작 가족을 그린 것이다. 포트스타트스키 방으로 알려진 이 성의 1층 북쪽 거실에서는 19세기와 20세기 초의 전형적인 가구를 볼 수 있다. 포트스타트스키 리히테슈타인 백작 부부의 초상화를 비롯하여 낭만주의 시대의 풍경화와 동물 그림 등 성 자체가 예술 박물관 같다.

'붉은 거실'이라고 불리는 방은 19세기 귀족 가문의 호화로운 사교 생활의 단면을 보여주고, 귀중한 델프트 파앙스 도자기 컬렉션 등 약 8000점의 생활도구는 텔츠 성의 역사를 말해준다. 성 안에 있는 박물관에는 여러 가지 보물을 비롯하여 텔츠 지역 주민들의 생활상을 한눈에 볼 수 있도록 잘 전시되어 있다. 특히 수천 개의 움직이는 조각들로 된 베들레헴 장면은 체코인들의 장인 기술의 진면목을 보여준다. 성의 북서쪽에 자리하고 있는 거대한 공원과 온실에는 수백 년 된 수목과 진기한 꽃이 있다. 이곳은 체코에서 가장 오래된 건축학적인 정원이라고 한다. 정원사이자 여행가였던 베네딕트 로에즐B. Roezl이 중부아메리카에서 수집한 나무와 꽃도 있다. 16세기부터 가꾸기 시작한 정원에는 이곳에서 살았던 귀족들의 흉상을 세워놓은 아케이드가 장관이다.

텔츠 박물관에서는 20세기 초의 위대한 체코 화가 얀 즈르자비Jan Zrzavý(1980~1977)의 초기 모더니즘 양식의 그림들을 볼 수 있다. 이곳의 〈산상수훈〉(1912)은 『마태복음』의 이야기를 형상화했다. 즈르자비는 하블리즈코프 브로드의 예술인 집안에서 태어났고, 20세기 초에는 파리 등지에서 전시회를 가졌다. 나치에 의해 타락한 예술가라는 낙인이 찍혔고 공산주의 정권하에서는 '비현실적인 형식주의자'라고 비판받았으나, 모라바의 팔라즈키 대학교 미술학과에서 교수를 역임하는 등 체코 현대 미술계의 거장이었다. 그가 남긴 그림, 삽화, 무대 디자인 등 1439점을 프라하 국립미술관, 텔츠 박물관, 올로모우츠 미술관에서 볼 수 있다.

따뜻한 공동체를 느낄 수 있는 트르제비치

텔츠에서 브르노 방향으로 35킬로미터 정도 가니, 또 다른 역사적 유네스코 문화유산 도시인 트르제비치Třebíč가 나타난다. 지리적으로는 비소치나 지역에 속하고 인구는 2차 세계대전 이후 많이 불

성 마르틴 교회의 탑

어나서 현재 4만 명으로, 모라바에 서는 세 번째로 중요한 도시다.

도시로 향하는 길에 식당에서 베헤로프카 한 잔 마시니 곧 속이 편안하고 차멀미도 깨끗해졌다. 위장에 좋은 술이라고 선전하던 것이 사실이다. 약초 26가지로 만든 200여 년 전통의 약초 주 베헤로프카는 체코에서 식사하기 전에 입맛 돋우기 위해 마시는 식전주다. 슬로바키아에서 생산되는 데만노프카Demanovka, 헝가리에서 나는 우니콘과 비슷하다. 러시아의 위대한 여황제 예카테리나가 좋아했던 라트비아의 리가블랙 봉숭아 약초주 발잠과도 비슷하다. 유럽 공항에서도 살 수 있을 정도로 유명한 술이다.

트르제비치는 유대인 유적으로 유명하다. 유대인 지역의 좁은 골목길을 따라가다 보면 중세의 세계에 온 것 같다. 프라하 구시가지 카렐 대학 옆 유대인 지구가 떠오른다. 유럽 역사에 엄청나게 공헌한 유대인들이 왜 이런 대접을 받았는지 궁금하기 짝이 없다. 그러므로 조금만 애정을 가지고 이들의 문화와 주거지를 바라보면 이들의 삶을 더 잘 이해할 수 있다. 모라바 남부 지방의 작은 도시 중심에 아기자기한 집들로 채워진 트르제비치 유대인 지역은 대도시 공동체의 인상을 풍긴다. 120여 채가 넘는 집과 두 개의 시너고그, 중세 유대인 묘지가 있는 트르제비치의 유대인 게토는 독립적인 유대인 유적과 유대인 문화 컬렉션을 지니고 있으며, 이스라엘 이외에는 처음으로 유네스코 문화보전지역으로 지정된 곳이다.

성 마르틴 교회 옆에 있는 상징적인 탑에는 체코에서 가장 큰 벽시계가 달려 있다. 시계의 직경이 자그마치 7.1미터나 된다. 110년에 창립한 옛 베네틱트 수도원은 도시의 언덕 위에 자리하고 있다. 도시는 수도원을 중심으로 발전해왔는데, 현재 서모라바 박물관이다. 이 안에 있는 '베들레헴'이라는 조각품은 구유 속의 아기 예수 상과 마리아와 요셉에 대한 컬렉션인데, 상상을 초월할 정도다.

수도원에 속한 성 프로코프 수도원 교회는 역사적인 기독교 기념물이다. 유대인 게토 정문으로부터 몇 발자국 떨어져 있지 않다. 13세기 로마네스크에서 고딕으로 넘어가는 시대에 지어져서 장엄하고 화려하게 장식한 정문이 있는 수도원 교회는 아름다운 과도기 로마네스크 건축물이다. 후세의 사람들의 무관심과 18세기 재건축 과정에서 원래의 모습이 훼손되기는 했지만, 매우 힘차게 조각된 '천국의 문'이라는 북쪽 정문과 교회 동쪽 끝에 쑥 내민 반원형의 발코니 모양의 회랑은 섬세함과 정교함을 자랑한다.

교회의 내부의 성상 아치소는 완벽하게 보존되었지만, 본당 회중석은 18세기 칸카에 의해 개축되어 원래의 가치가 손상되었다. 오늘날 우리가 보는 고딕 바로크 스타일의 겉모습도 이때 수리한 모습이다. 그러나 후기 고딕 양식의 전형인 건물의 전면은 아주 드물게 열

개의 부분으로 된 창문 또는 장미 창문을 포함하고 있다. 이러한 디자인은 다섯 개 또는 열 개의 장미꽃과 과일을 의미한다. 장미 창문은 복잡한 중세 고딕 창문과 대비된다. 고딕 창문은 보통 전통적인 고딕 디자인, 세잎 쇠시리 또는 네잎 쇠시리의 여러 부분을 포함하고 있다. 이는 인생의 수레바퀴로부터 영감을 받은 고대 디자인에 근거하고 있다. 인생의 수레바퀴는 동방정교회와 관련이 있거나 성처녀 마리아를 암시할지도 모른다.

모라바의 숨겨진 유럽

　브르노Brno는 쿤데라의 소설 『농담』에 생생하게 묘사된 모라바 지역의 중심 도시다. 브르노는 모라바에서 가장 유럽적인 도시라서 '모라바의 파리', '비엔나의 교외'로 불리고, 자동차와 오토바이의 경주가 열려서 '그랑프리의 도시'로도 잘 알려져 있다. 보헤미아의 중심이 프라하라면 모라바의 중심은 브르노로, 모라바인들의 자존심이 살아 숨 쉬는 도시다. 모라바가 낳은 위대한 작곡가 레오시 야나체크의 이름을 따서 세워진 야나체크 음악 및 공연 대학은 체코 음악과 연극의 발전에 지대하게 공헌한다. 특히 해마다 개최되는 야나체크 콩쿠르는 세계적으로 잘 알려져 있다. 1919년에 창립된 마사리크 대학교는 체코에서는 두 번째로 큰 규모. 1839년에 브르노-비엔나 간 철도가 완성되었고, 1928년에는 무역 박람회가 열렸으며 도

마사리크 대통령의 동상이 서 있는 마사리크 대학교.
체코에서는 프라하의 카렐 대학 다음가는 규모의 대학이다.

시 주위에 산업 공단이 들어섰다. 이렇듯 브르노는 문화적, 산업적으로 체코에서 두 번째로 중요한 도시로 성장하고 있다.

브르노는 지방도시 분권화의 혜택을 가장 많이 누린 도시로, 대법원, 행정재판소, 헌법재판소 등이 있다. 또한 시너고그가 유명하고, 모라바에서 가장 큰 유대인 묘지가 있다. 브르노에는 13세기부터 유대인들이 살기 시작했는데, 나치가 체코슬로바키아를 합병하기 전까지는 1만 2000명의 유대인들이 살았으나 나치의 탄압으로 1000여 명만 살아남았다.

체코슬로바키아공화국이 들어서면서 민주주의와 인본주의의 혜택을 입은 브르노는 돈 많은 유대인들이 투자와 예술을 장려하면서 전성기를 맞이했다. 투겐트하트 빌라를 건설한 건축가 루트비크 미에스Ludwig Mies van der Rohe를 중심으로 1920년에 창립한 블록BLOK이라는 모더니즘 예술가들, 건축가 푸흐스와 로제흐날, 화가 칼라프Kalab, 조각가, 지식인의 단체가 브르노의 문화 활동을 주도하기도 했다.

브르노에서 태어난 위대한 인물이 많은데, 식물학자이며 유전학자의 선구인 요한 그레고르 멘델J. G. Mendel, 수력 터빈 발명가 카플란V. Kaplan, 오스트리아에서 활동한 건축가 아돌프 루스A. Loos, 체코 건축의 선구자 코테라J. Kotěra, 현대 체코 소설가의 두 거장인 흐라발과 쿤데라를 비롯하여 유명한 배우이자 하벨 대통령의 두 번째 부인인 다그마르 하블로바도 이곳 태생이다.

시간이 있으면 멘델 박물관에서 완두콩의 기적을 감상하고, 가까이에 있는 브르노 맥주 공장 선술집에서 맥주와 모라바 음식을 즐기는 것도 좋다. 브르노와 주위의 작은 도시는 와인과 각종 과일주의 생산으로 유명하다. 좋은 기후와 와인용 포도 생산에 적합한 석회질 땅이라 모라바 와인은 유럽에서 그 품질을 인정받은 지 오래다. 남모라바에서만 가족 단위 포도 농장과 와인 양조장이 무려 1만 8000개나 있다. 또한 목축업과 양어업이 잘 발달되어 있다.

브르노 거리의 롬(집시) 연주자

투겐트하트 빌라Tugendhat VILLA는 모라바 현대 건축의 보물이다. 워낙 유명한 건물이라 찾는 관광객이 많아서 예약을 해야 한다. 거리에서 바라보니 나지막한 집이 창고나 차고 같았다. 그러나 안내를 따라 내부에 들어서면 왜 이 건물을 유네스코가 문화유산으로 지정했는지 알 것 같다. 유대계 투자자였던 프리츠 투겐트하트Fritz Tugendhat와 그의 부인 그레타Greta 부부는 이 프로젝트를 실행하는 데 어마어마한 자금을 내놓았고, 독일 건축가 루트비크 미에스는 그들을 위해 건물을 설계했다. 고급 사재와 새로운 기술을 동원한 난방 장치와 통풍 장치를 사용했으며, 1928~1930년에 지어졌지만 현대적인 감각이 돋보인다. 이 건물은 당시 유행하던 기능주의 양식의 전형으로, 미에스는 가히 혁명적이라 할 수 있는 철제 구조물을 사용했다. 미에스는 거실에 놓여 있는 '투겐트하트 의자'와 '브르노 의자'를 비롯하여 모든 가구를 직접 디자인했다.

빌라의 주거 공간은 몇 개의 칸막이와 스크린으로 강조된 연속적인 공간으로 만들어졌다. 20미터가 넘는 광택을 낸 벽에는 창유리들이 마루 쪽으로 기울어지게 설계되어 있다. 그래서 태양이 비치는 날에는 거실이 테라스가 된다.

특이하게 내부 장식으로 그림이나 사진 하나 걸어놓지 않아서 단조로워 보일 것 같은데, 단순하지만 여유로운 공간이 공간을 돋보이게 한다. 가장 눈에 띄는 것은 핑크색의 얼룩마노와 붉은색과 갈색 무늬의 열대 판재로 만들어진 반원형 스크린으로 디자인한 5미터 벽이다. 벽은 날씨와 햇빛이 들어오는 시간에 따라 변한다.

넓은 거실 창밖 밑으로는 잔디와 숲 정원이 아래로 이어지고, 저 멀리로는 브르노 시 중심의 거대한 성 페트르와 파벨 성당이 보인다.

투겐트하트 가족은 1938년 뮌헨협정에 의해 체코슬로바키아가 독일로 넘어가자 외국으로 가서 영원히 돌아오지 않았다. 이 건물은 2차 세계대전 이후에 회담의 장소로 사용되기도 했다. 1992년에는 체코슬로바키아 정치 지도자들이 이곳에서 모여 체코와 슬로바키아 분리 서명식을 가졌다. 1994년 이후로는 대중에게 공개했고, 2001년도 유네스코 문화유적으로 지정되었다. 프리츠와 그레타 투겐트하트의 자손들이 건물의 반환을 요구했으나, 브르노 시는 응하지 않았다.

이 집은 호러 영화 〈한니발 라이징〉의 악한 블라디스 구타스의 빌라로 등장한다. 또 2009년도 맨부커상 후보에 오른 사이몬 모어 S. Mawer는 소설 『유리 방』을 이 빌라에서 영감을 받아썼다고 한다.

브르노 근교에 있는 슬라프코프에는 프랑스의 황제 나폴레옹, 러시아 황제 알렉산드르와 오스트리아 황제 등 세 황제가 전투를 벌인 슬라프코프(아우스테를리츠) 전쟁터가 있다. 이곳의 박물관에는 나폴레옹이 수적으로 열세한 군대를 이끌고 훨씬 우세했던 러시아와 오스트리아 군대를 이겼던 전투 장면 등을 재현해놓

슬라프코프의 추모탑

았다. 장 안토닌 그로스의 〈스팔레니 방앗간 옆에서 나폴레옹 1세와 프란츠 2세 황제의 만남〉은 낭만주의 회화의 전형으로, 승리자 나폴레옹 황제와 프란츠 2세의 만남을 드라마틱하게 그리고 있다. 아직도 전쟁의 구름이 배경에서 검게 일어나고 있고, 왼쪽에는 희생당한 체코 피난민의 모습이 생생하다. 전투가 치열했던 곳에 세워놓은 추모탑은 인상 깊었다. 건물 내부 설계는 특이해서 반대쪽 구석에서 소근거리는 말소리까지 들리게 설계해놓았다.

브르노 시 중심에는 '성 십자가 발견 교회'와 '카푸친 수도원'이 유명하다. 카푸친 작은 형제회는 로마 가톨릭 수도회로, 1528년에 교황

의 인준을 받았다. 교회 내부는 독일 화가 겸 조각가인 산다르트 Joachin von Sandart가 장식했는데, 제단의 위쪽의 장식은 예술작품이다. 제단 위에 걸려 있는 거대한 유화는 성 십자가 발견 교회의 상징으로, 자줏빛의 화려하고 고상한 드레스를 입은 성 헬레나가 십자가를 만지며 환자를 기적적으로 치유하는 장면은 종교화의 백미다. 18세기 중엽 크라츠케르J. Kracker가 그린 제단의 양쪽의 인물들은 카푸친회의 수도사들인 성 피델리스 시그마린겐과 요셉 레오네사다. 카푸친 수도원은 지하 납골당으로 유명한데, 교회 지하의 환경과 특별한 장치 덕분에 미라가 잘 보존되어 있다. 지금도 돈 많은 부자들은 이곳에 묻히고 싶어 한다. 이곳 말고도 서보헤미아의 클라토비 도시 성당 지하에도 수백 구의 미라가 보존되어서 관광객들이 찾는다.

　모라바 박물관은 1817년에 건립된 것으로, 체코에서 두 번째로 큰 규모의 박물관이다. 이곳에서 브르노를 중심으로 모라바인들의 역사와 유물, 생활상을 한눈에 볼 수 있다. 모라바 미술관은 중세의 오스트리아, 독일, 체코 그림부터 현대의 그림까지 다양하게 소장하고 있다. 모라바가 낳은 아르누보 화가 알폰스 무하의 〈JOB〉와 에곤 실레의 그림, 요셉 시마의 〈유럽〉도 있다. 국제적인 비즈니스 센터인 브르노 전시관도 구경할 만하다.

　브르노 시의 박물관인 슈펠베르크 성은 17세기부터 요새와 감옥으로 악명을 날렸으나, 현재는 브르노와 모라바의 문화를 한눈에 볼 수 있는 박물관이다. 브라티슬라프 2세가 브르노의 백작 코라트 1세를 공격하는 모습을 그린 그림을 비롯하여, 1330년대의 브르노 법률

모라바에서 두 번째로 큰 박물관인 모라비 박물관

〈성처녀의 출산과 성처녀의 수태고지 성화〉

코덱스에 정교하게 그려진 〈성처녀의 출산과 성처녀의 수태고지 성화〉는 이 지역이 일찍이 종교적인 생활을 해왔음을 보여준다. 유럽학자 요한의 브르노 법률서에 나타난 〈대문자 S를 잡고 부활하는 예수의 그림〉과 필사체는 모라바 지역이 학문을 숭상했다는 것을 보여준다. 또한 30년전쟁 때 스웨덴군이 브르노 성을 함락한 그림도 감상할 수 있다. 그리고 브르노의 전성시대에 그려진 회화와 프러시아-색슨 군대와 오스트리아 군대가 사용한 무기도 전시해놓았다. 프러시아-색슨 군대는 1742년 2월부터 4월까지 슈펠베르크 성을 포위하고 공격했으나, 점령하는 데 실패했던 역사가 있다.

한편 마리아 테레지아가 브르노 대신 올로모우츠 시를 모라바의 수도로 정했는데, 경제적, 문화적으로 브르노는 왕립 시의 영예를 누렸다. 요세프 2세는 브르노를 모라바의 수도로 승격했고, 그 이후 모라바에서 가장 중요한 경제적, 문화적인 수도의 지위를 누리고 있다. 당시 마리아 테레지아가 18세기 중엽에 브르노를 방문한 장면을 화가 프라티세크 코롬파이F. V. Korompay가 드라마틱하게 그려놓았다. 거대한 규모의 〈마리아 테레지아와 그녀의 남편 로트링기아의 방문〉

이란 그림은 전시된 회화 중 가장 화려하다. 성 페트르와 파벨 성당의 재건을 기념하여 그리스도의 육체를 운반하는 행렬을 묘사한 거대한 그림도 멋있다.

천 년의 역사와 전통을 간직한 올로모우츠

올로모우츠Oloumouc는 프라하에서 브르노를 지나 동쪽으로 한 시간가량 걸리는 중부 모라바의 주요 도시다. 마리아 테레지아 시대에는 모라바의 수도였다. 역사적으로 모라바의 정치적 중심지였으며, 수익 산업의 중심지다. 지금은 국제회의와 영화 페스티벌이 자주 열린다.

중앙 광장의 성 삼위일체 탑은 이 도시의 상징으로, 시청의 하얀 탑과 색깔이 대조적이다. 시청 탑 벽에 달린 천문시계는 프라하 구시청 탑의 오를로이만큼 아름답지 않지만 기능은 탁월하다. 천문시계의 뼈대는 14미터나 되는 높이에 뾰족한 아치 모양의 벽감으로 만들어졌다. 원래 이 천문시계는 시청을 재건축하면서 뼈대의 일부분으로 건설되었다고 한다. 수세기 동안 천문시계는 다양한 모양을 지녔는데, 1747년에 화가 요한 크리스토프 한디케Johann Christoph Handke가 바로크 양식을 응용해 디자인했을 때 가장 예술적이었다. 하지만 카렐 비테를리흐Karel Bitterlich가 1898년에 신고딕풍으로 설계하고 야

중앙 광장의 성 삼위일체 탑

노 쾨흘레르Jano Köhler가 1926년에 수정한 천문시계 모습이 가장 잘 알려져 있다. 2차 세계대전 말인 1945년에 외관을 재건축하지 않고 당대의 작품으로 대체하려는 시 대표자들에 반대하여 항의하던 중에 천문시계가 많이 파손되었다.

성 삼위일체 탑은 역병을 이겨낸 기념탑으로, 마리에 기둥은 바로크 양식이다. 이 탑을 세운 석공 조각가 바츨라프 렌데르V. Render는 유럽 어디에서도 볼 수 없는 가장 기념비적인 탑을 세우기 위해 전 재산을 바쳐 건설하다가 완공을 보지 못하고 죽었다. 역병 기념비는 중세에 세워진 대부분의 유럽의 광장에서 볼 수 있지만 이곳이 예술적인 면과 규모 면에서 가장 뛰어나다. 그래서 유네스코 문화유산에 등재되는 영광을 안았다. 기념비를 포함하여 스바티 코페체크Svatý Kopeček의 순례지와 더불어 올로모우츠는 체코에서 프라하 다음으로 문화유적이 많다.

시 광장의 한가운데에 장엄하게 자리한 올로모우츠 시청은 종교와 관계없는 역사적인 건물이다. 이 건물은 본래 목적이었던 의식

올로모우츠 시청 탑의 천문시계

행사와 함께 공적 기능을 가진 유일한 기념 건축물이다. 현재까지도 시 정부와 사무실이 있다. 원래는 나무로 지어졌기 때문에 15세기 초반에 화재로 유실되고, 새롭게 다시 지었다. 세 개의 부속 건물을 가진 엄청난 규모의 건물로 시청과 시장의 두 가지 역할을 수행했다. 15세기 후반에 건물이 더해지면서, 지금은 예식장으로 쓰이는 부속 건물이 있다. 마지막으로 고딕 양식의 예배당인 성 에로메가 지어졌다. 건물의 동쪽 면의 르네상스 정문은 1530년에 건설되었는데, 조각가 한스 요스트Hans Jost의 작품이다. 시의회 홀의 화려한 입구이자, 의식을 치르는 곳으로도 활용되었다. 올로모우츠 시청의 탑은 높이 75미터다. 1718년에서 1720년으로 바로크 양식을 더하면서 주로 건물 정면 부분이 바뀌었다. 1901년에서 1904년 동안에는 게오르크 베르게르Georg Berger의 설계도에 따라 로맨틱한 스타일로 재건축되었다.

올로모우츠는 프라하만큼 규모는 크지 않으나 1000년의 역사와 전통을 잘 보전하고 있다. 300년이 넘는 전통을 자랑하는 대학과 대주교의 궁전, 교회, 성당, 탑 등이 있는 건축물의 보고이기도 하다. 인구 10만 명의 도시인데 이처럼 아름다운 문화를 유지하고 전통을 지키고 있는 것이 기적에 가깝다. 체코인들에 비해 더 오랜 전통을 가지고 있는 모라바 민족의 자부심을 느낄 수 있다.

성 바츨라프 성당은 프라하 흐라트차니 성에 있는 고딕 양식의 성 비트 성당을 닮았다. 주교 대저택은 오늘날 박물관으로 사용하고 있는데, 상상을 초월할 정도로 소장품이 다양하다. 값비싼 성체현시

성 바츨라프 성당은 프라하의 흐라트차니 성 비트 성당과 비슷해 보인다.

대는 물론이요, 위대한 화가의 그림이 많다. 지하와 2층 공간이 전부 전시 공간이다. 이곳에서는 옛 모라바제국의 유물을 찾아볼 수 있다.

대규모의 재건축을 거친 팔라츠키Palacký 대학교는 강의실과 화실, 국제 학회를 위한 회의실, 학생과 선생님을 위한 작업실을 만들었다. 팔라츠키 대학교의 예술의 전당은 가르치고 연구하는 곳일 뿐만 아니라 도시의 일상적인 문화와 예술 생활에까지 영향을 미친다. 올로모우츠 지역 주민과 여행객은 대학교에 있는 영화관과 극장, 코르푸스 크리스티 채플Corpus Christi Chapel의 멋진 연주회장을 즐길 수 있다. 넓은 복도에 설치되어 있는 전시회와 콘비크트 갤러리, 그리고 아트리움이나 마당에서 열리는 공연 또한 모든 사람들이 볼 수 있도록 해놓았다. 구경이 끝나면 방문객들은 레스토랑이나 지하에 있는 학생 동호회 방에 머무르기도 한다. 팔라츠키 대학의 예술의 전당은 휴일에도 열려 있다. 학문의 도시 올로모우츠에는 국제학회가 자주 개최되어 여러 번 가보았는데, 갈 때마다 학생, 교수들이 자주 찾는 식당 겸 선술집 스바토 바츨라프스키 피보바르를 이용한다. 이런저런 일로 피로가 쌓이면 이곳 지하의 맥주 온천을 이용한다. 과연 맥주 천국 체코답게 맥주 온천까지 만들어놓았다. 여기에는 남녀 혼탕도 있고 부부탕도 있다.

바로크 양식의 건물인 구예수회Jesuit 기숙학교 콘비크트Konvikt는 올로모우츠에서 가장 오래된 대학교 건물 중 하나로, 위대한 석공과 건축가 페테르 슐레르Peter Schüler의 설계도에 따라 건설되었다.

유대교 회당과 유대인 거리는 원래 올로모우츠의 예수회 콘비크트 주변에 위치하고 있었다. 그러나 1454년 체코 왕 라디슬라스 포스투모우스King Ladislas Posthumous에 의해 유대인이 국왕 도시에서 추방 당하면서, 유대인 거리에서 유일하게 보존된 건축 유물은 유대인 고딕 문뿐이다.

올로모우츠 예수회 대학이 설립된 후, 코르푸스 크리스티 채플은 구콘비크트를 대체하며 르네상스 예수회 콘비크트의 가정교회가 되었다. 현재의 예배당 모습은 독특한 바로크 양식을 띠고 있다. 예배당은 요한 야코부스 크니에반들Johann Jakobus Kniebandl의 감독 아래 지어졌는데, 지오반니 로렌초 베르니니Giovanni Lorenzo Bernini가 디자인한 로마 예수회 성 안드레아 알 퀴리날레 교회를 참고했다.

아치 모양의 천장을 장식한 기념비적 프레스코화는 올로모우츠 근처에서 일어난 전투에서 슈테른베르크 야로슬라프Sternberk Jaroslav가 타타르 족을 처부수고 승리한 전설을 묘사했다. 화가 요한 크리스토프 한디케의 작품으로, 올로모우츠 바로크 양식 벽화 중 가장 뛰어난 것으로 꼽힌다.

현존하는 흐라디스코 수도원은 건축 디자인 때문에 마드리드 북서쪽에 있는 유명한 건축물인 에스코리알을 닮았다고 해서 하나 에스코리알Haná Escorial이라고 불린다. 1헥타르 이상의 면적을 차지할 만큼 거대한 건물이다. 모퉁이에 탑과 해자가 있는데, 네 개의 부속 건물을 둔 건축물은 오래된 성당과 함께 내부를 횡단하는 부속 건물을 사이에 두고 수녀원과 고위 성직자 집무실로 나뉜다. 북쪽 수도원은 이탈리아 마니에리즘의 미학을 보여주는 반면, 고위 성직자 집무실이 있는 건물은 바로크 양식을 보여준다.

고위 성직자 집무실의 기념비적인 정면은 조각 장식으로 꾸며져 있다. 정문의 기둥은 식장이 위치한 1층의 발코니를 받치고 있다. 오스트리아 화가인 파울 트로게르Paul Troger가 실내를 장식했다. 그는 예수가 5000명의 군사를 먹인 사건을 주제로 천장에 프레스코화를 그렸다. 이 프레스코화는 안토니오 타시Antonio Tassi가 그린 환상적인 그림으로 둘러싸여 있다. 수도원 도서관의 아치형 천장에 그려진 그림 장식과 치장벽토 역시 인상적이다. 천장 장식은 이탈리아 화가인 인노첸초 몬티Innocenzo Monti와 조각가 발타사레 폰타나 Baltassare Fontana가 1701~1704년에 함께 작업했다.

30년전쟁 동안 스웨덴 군대로 인해 침체되었던 수도원 설립은 17세기 중반과 18세기 초반에 다시 재개되었다. 북이탈리아 건축가인 지오반니 피에트로 텐칼라Giovanni Pietro Tencalla가 이 초석을 디자인했다. 뿐만 아니라 1702년까지 수녀원과 도서관, 주요 탑이 있는 수도원의 북쪽 건물의 반은 그가 디자인했고, 1726년에는 다른 건물도 작업했다.

1705년, 엄청난 화재로 인해 고위 성직자 집무실의 건물 전체가 타버렸다. 이탈리아 건축가인 도멘니코 마르티넬리Domenico Martinelli는 중부 유럽의 가치 높은 바로크 건축 양식 중 하나로 꼽힌 집무실 입구를 지었다. 그는 텐칼라의 본래 설계도도 부분적으로 수정했다.

스타일 면에서 좀 더 원숙한 성 스테판 성당은 옛 고위 성직자 예

바로크 양식이 혼재된 흐라디스코 수도원

배당 자리에 지어졌다. 이 건물의 타원형 디자인을 누가 했는지는 아직까지도 논쟁거리로 남아 있다. 현재 이 위대한 바로크 유적은 군인 병원으로 사용되고 있다.

고라즈다 정교회 사원Kostel sv. Gorazda은 단독으로 세워져 있고, 대칭적으로 분할된 구조의 건축물이다. 고라즈다 성당은 도금한 양파형 돔이 있는 8각형 타워가 있다. 지하층의 중앙에는 여분의 기도실이 있고 그 주위로는 행정 관청들이 있다. 1층은 입구 안에 홀이 있고 바깥 계단과 연결되어 있다. 입구 위쪽의 벽감에는 성인 고라즈다의 유화가 있다. 사원 입구 안에 있는 홀의 종탑 벽에는 성모마리아 그림이 그려져 있고, 반원형 부분의 뒤편 벽면에는 교회 설립 날짜가 새겨진 명판이 있다. 전통적인 러시아식 비잔틴 건축 양식은 사원의 전체적인 구조와 세세한 부분에 영감을 주는 근원이었다. 프세볼로트 콜로마츠키Vsevolod Kolomacký가 1937년에 건축한 후, 건물 정면과 실내장식은 1985년에서 1987년에 다시금 바뀌었다.

체코에서 보기 드문 굴뚝 마을

오스트라바Ostrava는 북동 모라바 지역으로 폴란드와 국경을 마주하고 있다. 지금은 폴란드에 편입되었지만 폴란드 슬레스코 지역은

오스트라바 번화가

역사적으로 체코 사람들의 거주지였다. 베즈루츠의 〈슬레스코의 노래〉는 이 지역 탄광에서 일하던 체코 광부들의 애환을 그려냈다. 중세에는 작은 마을이었으나, 모라바 평원으로 들어가는 모라바 문을 지키는 전략적 요충지였다. 철광과 석탄 광산, 기관차 산업으로 19세기 후반에 산업혁명을 거치며 급속히 발전했고, 이 지역에서 문화적, 교육적인 중심이 되었다. 광산학과 야금학 대학이 유명하다. 공산주의 시대에는 이 도시를 '공화국의 강철 심장'이라고 부를 정도였으나, 지금은 많은 광산이 문을 닫고 다른 산업이 발전하고 있다.

오스트라바는 현대 자동차의 메카인 작은 도시 노소비체Nosovice와 이웃하여 체코에서 가장 빠르게 변화하고 있다. 외곽의 노소비체에 한국의 현대 자동차가 연간 30만 대 규모를 생산하는 공장이 있고, 슬로바키아 질리나에는 연간 30만 대 규모의 기아 생산 공장이 있다. 현대에 차체를 공급하는 성우 하이텍, 현대 모비스를 비롯하여 협력 업체도 공장을 지어서, 경제적으로 더욱 중요한 요충지가 되었다.

오스트라바에서는 폴란드어와 유사한 악센트가 있는 체코어를 쓰기도 하지만, 프라하 사투리에 비해 다른 모라바 지역처럼 순수한 체코어 발음을 유지한다.

문화적으로 극장 문화가 발달해서, 드보르자크 극장, 모리비아 실레지아 민족극장, 페트르 베즈루츠 극장, 인형극 극장에서는 연중 좋은 공연을 구경할 수 있다. 매년 국제 꼭두각시 연극 축제를 포함하여 체코 작품과 외국 작품을 선보이는 연극 축제를 개최한다.

오스트라바는 관광 사업이 발전하지는 않았지만, 광산 박물관에서는 여러 가지 광산 산업의 발전 과정을 전시한다. 또 250미터 지하 갱도와 19세기 광산의 원형도 볼 수 있다. 페트리코비체Petrikovice 지역의 란데크Landek 언덕에는 유명한 맘모스 사냥꾼들의 본거지 흔적이 남아 있는데, 이것을 박물관에 재현시켜놓았다.

1989년 체코의 개방 이후로 오랫동안 발전하지 못했으나, 2006년 네덜란드의 한 회사가 도시 중심과 카롤리나carolina 지역을 재개발하면서 현대적인 도시 거리 문화가 발전하고 있다. 특히 도시 광장으로 이어지는 스토돌리니 거리Stodolní ulice를 중심으로 젊은이들이 많이 찾는 선술집과 클럽이 생기를 불러일으킨다. 특히 여름에 개최되는 오스트라바의 색깔Colours of Ostrava이라는 전 세계 음악가들의 페스티벌이 볼만하다. 또한 체코 문학에 생생하게 각인되어 있는 도시로, 체코가 낳은 세계적인 작가 밀란 쿤데라의 출세작 『농담』의 중요한 무대이기도 하다. 오스트라바의 야나체크 필하모니 오케스트라는 반세기의 전통을 가지고 있다. 오스트라바의 전통 음악 축제와 민속 축제 중에 가장 잘 알려진 축제는 야나체크의 5월 축제인데, 수십 명의 국제적인 솔로리스트와 앙상블이 공연한다. 오스트라바의 음악 무대는 야나체크 음악 학교의 인재들에 의해 후원을 받는다.

체코는 어디를 가나 성이 많은데, 왕이나 황제가 살았던 큰 규모의 성인 흐라트Hrad와 지방 영주나 귀족 또는 대공, 왕자가 살았던 대저택인 자메크zamek로 나뉜다. 자메크는 샤토Chateau에 해당된다.

실레지아 오스트라바 성Silesian-Ostrava Castle은 1297년도에 고딕 양

오스트라바의 넓은 광장은 시내 중심에 있으면서도 한산하다.

식으로 건립되었다가 16세기에 아름다운 르네상스 양식으로 개축되었다. 그러나 성 밑의 광산 개발로 많이 훼손되었다가 최근에 개축하여 옛 모습을 찾고 있다.

이 지역에는 산악 박물관이 있다. 오스트라바 지역에는 모라바와 슬레스코 전역에서 두 번째로 높은 네오르네상스 양식의 성스러운 구세주 성당katedral Bozskeho Spasitele과 16세기에 건립된 구시청이 우뚝 솟아 있다. 구시청은 지금 박물관으로 사용되고 있다.

실레지아 오스트라바 성에는 아름다운 아르누보 양식의 시청 건물과 18세기에 건립된 후기 바로크 양식의 성 요세프 교회kostel sv. Josefa가 있고, 비트코비체에는 1846~1847년에 건립된 왕궁 스타일의 성과 네오고딕 양식의 성 파벨 교회가 있다. 특히 호밀 모양의 벽돌식 석조 건축 양식이 특이하다.

포루바Poruba 지역의 성은 18~19세기에 건립되었다. 미할코비체Michalkovice 지역에 있는 미할 탄광의 석탄굴은 국가 문화유산으로 지정되었는데, 석탄 채굴 기술을 살펴볼 수 있다. 폴란드 국경 쪽으로 있는 연계 도시 카르비나Karvina와 슬로바키아 질리나 방향에 있는 프리데크 미스테크Frydek-Mistek 시에서도 오래된 성과 교회와 문화유산을 찾아볼 수 있다. 특히 카르비나의 오래된 필사본들은 귀중한 도서 유산이다.

오스트라바에서 서북쪽에 있는 오파바Opava 근교의 작은 마을인 흐라데크 나트 모라프치Hradec nad Moravci에는 대저택이 있는데, 16세기에 화려한 고딕 양식의 건물이 불타버렸고 신르네상스 양식으로 개축되었다. 18세기에 리흐노프스키Lichnovsky z Vostic가 사들이면서 오늘날의 모습을 갖추었다. 특히 베토벤 방과 전시실을 보면 과거의 대귀족이 얼마나 음악을 좋아했는지 느낄 수 있다. 베토벤은 이곳에 오래 머물면서 작곡 활동을 했는데, 당시에 사용하던 가구들을 전시해놓았다.

높이 72미터에 달하는 신시청 타워에 올라가면 시의 전망은 물론, 날씨가 맑으면 베스키즈Beskids나 예세니키Jeseniky 산맥까지 보인다.

오스트라바 구시청 박물관의 종탑은 매 시간 울린다.

　마사리크 광장에 있는 오스트라바 박물관이자 역사적인 건물인 16세기 구시청은 완벽하게 복원되었는데, 구시청의 탑에 있는 새로이 만들어진 여러 개의 종은 매우 즐거운 분위기를 형성하면서 매 시간마다 울린다. 종탑 전망대에 올라가면 시 전체를 조망할 수 있고, 종 울리는 장면을 구경할 수도 있다.

　건물의 박물관에는 오스트라바 역사와 이 지역의 특산물인 광물들을 전시해놓았다. 또 19세기 중반에 만들었다는 거대한 벽시계가 있는데, 51가지의 기능이 아직도 정확히 움직인다. 프라하나 올로모우츠의 거대한 오를로이보다 규모는 작지만 정교하기 이를 데 없다.

세기말부터 20세기 초까지 산업이 번창하고 경제적으로 여유로워지면서 노동자들의 수가 많아지자 매춘부들의 숫자가 불어났는데, 박물관에 매춘부에 대해 전시해놓은 것이 특이했다.

1킬로미터나 되는 지하 동굴에 있는 와인 저장고(12제자 와인 저장고)는 옛날에는 전쟁을 피하기 위해 만든 방공호였다. 주로 개인이나 회사에 와인 부츠를 만들어 빌려주고 있다. 연간 사용료가 1만 코루나로, 약 45만 원 정도(2007년 기준)다. 오스트라바는 긴 역사를 가지고 있지만 중세나 그 이전의 역사적인 장소들은 거의 남아 있지 않다. 하지만 역사적 장소인 성 바츨라프Sv. Vaclav 교회는 최근 몇 년에 걸쳐서 훌륭하게 복원되었다. 또한 시코라Sykora 다리 옆에 위치한 시립 도서관 건물 역시 훌륭하게 재건되었고, 실레지아 오스트라바 성의 한 부분을 형성하고 있다.

1950년대 건축 양식부터 철강 산업 시대까지의 상업 건축 양식은

오스트라바의 지하 동굴 와인 저장소

포루바 지역에 잘 보전되어 있다. 오스트라바 중심에 있는 일드리흐 Jildrich 탄갱과 비트코비체 지구에 있는 강철 주조가 특히 중요하다. 또한 현대 인형극장, 야나체크 음대와 1990년대로 거슬러 올라가는 다양한 행정 건물들이 최근 몇 년간 대회에서 상을 거머쥐었는데, 오스트라바는 이러한 건물의 본거지라고 할 수 있다.

오스트라바 미술관은 미술 애호가들이 자주 찾는데, 이곳에서 발견한 클림트의 〈유디트 2〉와 코코슈카의 〈이스탄불〉은 정말 아름다웠다. 주로 15~18세기 유럽 작품 중에서 이탈리아 그림이 많다. 루돌프 시대의 매너리즘 그림도 볼 수 있다. 19세기 러시아 사실주의 화가인 네스테로프나 레핀의 그림뿐만 아니라, 19~20세기의 중요한 체코 화가들의 작품도 상당히 많이 보유하고 있었다. 아방가르드와 초현실주의 슈트르스키와 얀 즈르자비의 그림들이 인상적이다. 체코 입체파 그림과 조각도 볼만하다.

산골짜기 시골의 정서가 물씬 풍기는 발라슈코

모라바 지방에 예부터 독특한 산간 지역 문화와 풍습을 지켜오는 왕국이 있다기에 꼭 한 번 가보고 싶어 했던 곳이다. 아직도 옛 풍습이나 문화를 보전하고 있다니 궁금했다. 발라슈코 Valašsko는 고색창연한 빌딩과 작고 아담한 건물들이 친근하게 느껴지는 고장이었다.

체코의 가장 동쪽에 있으며 슬로바키아와 폴란드 국경에서 멀지 않은 모라바 슬레스코 베스키디 산맥 지역에 있는 발라슈코는 왈라키아Wallachia라고도 불린다. 발라흐Valach라고 하는 이들은 루마니아 남쪽 왈라키아에서 유래되었다는 설도 있고, 고대 슬라브에서 유래했다는 설이 있다. 실제로 이 지역에 루마니아 단어가 몇 개 발견되었다고 한다. 루마니아어에도 슬라브어 요소가 많은 것이 사실이다.

16세기 카르파티아 산맥 지역의 슬라브족들도 이곳에 정착했다. 발라슈코 식민지화 기간 동안에 이들은 산협 지구의 추운 날씨에 필요한 모피를 얻기 위해 털북숭이 양들을 키웠다. 그리고 발라슈코 우유로 만든 맛있는 치즈를 가지고 왔다. 그러면서 이 지역 토박이들과 섞여 독특한 발라슈코 언어, 문화, 전통을 이어왔다. 오늘날도 이곳에서는 고유한 민속 문화의 향기를 맛볼 수 있다. 특히 양치기 용어에는 아직까지도 사투리가 남아 있다.

이렇듯, 발라슈코는 독특한 전통 때문에 자칭 왕국이라고 일컫는다. 원하면 발라슈코 왕국의 여권을 구할 수도 있다.

로즈노프 나트 라드호슈템Roznov nad Radhostem에 있는 발라슈코 야외 박물관(우리나라 민속촌과 비슷하다)을 찾았다. 야외 박물관은 이 지역의 농촌 생활을 한눈에 볼 수 있다. 중부유럽에서는 최초로 만들어진 자연 박물관으로, 다양한 나무집과 조그마한 마을의 과거 생활상을 잘 재현시켜놓았다.

"우리는 죽은 가게나 건물이나 조형물을 만들고 싶지 않다. 우리는 발라슈코에서 이어온 민족학의 도움을 받아 살아 숨 쉬는 민속 박물관을 짓고 싶다. 그리고 주민들의 혈통과 주거 생활, 일, 관습, 춤, 노래, 의례에 의해 생생하게 유지되기를 바란다."

발라슈코 야외 민속 박물관을 창립한 보후미르 야로네크의 이러한 아이디어는 1932년 당시에는 상당히 진보적인 것이었다. 야외 민속 박물관은 유럽에서 스칸센Skansen이라고 하는데, 이는 1891년 아더 하젤리우스Arthur Hazelius 박사에 의해 처음으로 스웨덴 스톡홀름에 만들어진 데에서 유래한다.

발라슈코 야외 민속 박물관에서 개최되는 여름 민속 축제에서는 여러 가지를 즐길 수 있다. 로즈노프 축제라고 2년마다 열리는 국제 민요 축제에서는 민요 앙상블, 노래와 춤을 공연한다. 각종 민속공예품, 화려한 민속의상들이 눈길을 끈다. 참회자의 머리에 재를 뿌리는 습관으로 시작된 재의 수요일, 부활절 전날까지 40일간 단식과 참회를 행하는 사순절과 부활절 관습, 빨래하기 행사, 도자기의 날과 대장장이의 날 행사, 나무 조각가들의 모임, 각종 박람회와 크리스마스 캐럴 부르기 등 각종 전통 놀이가 행해진다.

거대한 규모의 살아 숨 쉬는 야외 민속박물관은 네 개의 구역, 나무집 마을, 발라슈코 마을, 물방아 계곡, 푸스테브니Pustevny로 이루어지는데, 고색창연한 나무집들이 어우러진 거대한 마을과 산협과 계곡 전체가 박물관이다.

나무집 마을

나무집 마을은 19세기 말과 20세기 초의 모라바 지방의 독특한 건축 양식을 보여준다. 나무집마다 독특한 양식과 내부 장식이 잘 수리되고 보전되어왔다. 특히 이 지역 사람들이 만들어서 파는 민속 공예품들을 한눈에 볼 수 있다. 특히 종교적인 건축물과 민속공예도 볼만하다.

벨케 카를로비체Velké Karlovice의 시장 집은 세습 시장의 주거지로, 영주들의 삶의 터전이다. 1층은 부유한 발라슈코 가족의 삶을 반영하고, 2층은 19세기에서 20세기로 넘어가는 시대의 실내 건축의 변화상을 잘 보여준다.

란초프 양조장의 그림은 당시 발라슈코 가정에서 만든 브랜디 생산 기술을 한눈에 보여준다. 베트르슈코비체Větřkovice의 성 안나 교회는 발라슈코 지방의 목재 교회의 전형이다. 교회 주위에는 발라슈코

나무집 마을의 나무집

지역의 유명 인물의 묘지로 둘러싸여 있다. 교회 뒤쪽에는 상여집이 있다.

연중 내내 나무집 마을에서는 옛 전통을 살리는 축제와 행사가 진행된다. 특히 세 개의 민속 축제, 로즈노프스카 발라슈카, 로즈노프 의례, 야로시쿠프 두카트의 축제에서는 방문객들이 직접 국내외의 축제 연기자 그룹 활동에 참여할 수 있다.

발라슈코 시골 마을

이 마을은 야외 민속 박물관 전체에서 가장 큰 지역을 차지하고 있다. 농장, 우물, 탑, 물레방앗간, 정원과 마을 풍경, 길, 나무 모두 전통적인 발라슈코 지역을 상징한다.

이 지역에서 예부터 키우던 여러 가지 동물들, 발라슈카 양, 염소, 닭, 오리 등도 기르고 있어서, 어려운 시절에도 자연과 더불어 아주 조화롭게 공존해온 흔적을 찾아볼 수 있다.

산간 지역 농사짓기라는 이 지역의 독특한 농법은 15세기부터 기원하는데, 베스키디Beskydy와 야보르니키Javorniky(오늘날 폴란드와 슬로바키아 지역) 지역의 산촌 사람들에게서 전해진 것이다.

물레방앗간 계곡

물레방앗간 계곡은 아주 발달된 기술적인 건물을 포함하고 있다. 1982년부터 기술적인 설비를 갖춘 물레방앗간, 옷감을 다림질하는 모피 제작소, 판자와 합판을 자르는 제재소, 기름 짜는 압착기, 대장

간, 철공장, 마차 보관소, 숲속 나무꾼의 헛간, 작은 탑과 주거용 건물이 물레방앗간의 물줄기가 흐르는 지역을 따라 만들어졌다. 개개의 건물에는 수력과 사람의 손으로 작동되는 놀랄 만한 기계 장치가 있다. 이러한 장치는 자연의 법칙을 응용하는 인간들의 솜씨가 얼마나 뛰어난지 보여준다.

푸스테브니

베스키디 산간 지역은 19세기 중엽부터 관광지였다. 이 지역에 1884년에 창립된 관광 클럽은 산협 관광을 대중화하는 데 크게 공헌했다. 이 클럽의 회원들이 1891년에 프로스트르제드니 베즈바 Prostřední Bečva 지역의 한 구획을 사서 첫 산간 피난처를 세웠다. 이 피난처를 푸스테브나 Pústevňa라고 불렀는데, 1784년에 폐쇄된 외딴 피난처를 기리기 위해 붙여진 이름이다.

위대한 슬로바키아 건축가인 두샨 유르코비치 Dušan Jurkovič가 민속 아르누보 양식이라고 불리는 민속 통나무 건축술에 따라 독특한 양식의 피난처 건물을 세웠다. 1898년에 세워진 마멘카 Maměnka와 이어서 지어진 리부신 Libušín의 내부 장식은 민속 예술에 영향을 받아 채색이 독특하다. 이곳에 오니 먼 세월을 거스른 기분이다. 400여 년 된 기와집과 100여 년 된 까치구멍지붕 초가집이 있는 내 고향 무섬 마을, 산간 외딴 지역에 세워진 오두막이 떠오른다. 산에 비나 눈이 오면 피할 수 있도록 세워진 오두막은 발라슈코 지역의 양치는 목동이나 벌목꾼 또는 등산객이나 탐험대들이 비상시에 쉴 수 있는 나무

집인데, 예술적이다. 건축학적 기념비이자, 사람들의 눈길을 끄는 에스런 모습이다.

체코에서 가장 아름다운 도시

　브르노와 올로모우츠 지역에 있는 모라바의 고도 크로메르지시는 여러 가지로 재미있는 도시다. 크로메르지시는 즐린Zlín 지역에 속하며 남모리비아 모라바 강 연안에 위치한다. 브르노에서 차를 몰고 가면 한 시간이 채 안 걸린다. 12세기에 올로모우츠 주교의 소유지였던 중세의 조그마한 시장 마을이었던 크로메르지시는 1260년 무렵에 도시로 승격했다.

　주교들은 이곳에 올로모우츠 주교 관구에 속한 여름 별장 주거지를 만들었다. 나중에 이 장엄한 여름 별장에 세 개의 교회, 참사회와 학교들을 세웠다. 이전에 농가 건물들이 있던 곳에 고딕 성을 세웠다가 르네상스 성채로 발전시켰다. 30년전쟁이 끝나자 교양 있고 부유한 주교 카스텔 코른 출신의 카렐 리히텐슈타인Karel Lichtenstein이 전쟁으로 폐허가 된 이곳을 재건하고 초기 바로크 성을 건설했다. 그는 유럽 화가들의 작품을 사 모으고, 진기본으로 구성된 거대한 도서관을 세웠다. 또한 성 옆에 동전 주조소를 건설하고, 특별한 동전과 메달을 주조했다. 왕권이 허락한 동전 주조권은 부의 상징이다.

　그는 성 바깥에 꽃 정원을 만들고 이탈리아와 이 지역 장인들을

성 바깥의 꽃 정원

불러 아름답게 장식했다. 그리고 거대한 정원 한가운데에 꽃밭으로 가는 십자로 길들, 자연 초목으로 된 미로들, 장식적인 숲과 나무들의 오솔길을 조성했다. 정원 한쪽 면에는 수많은 동상을 배열했다. 르네상스 시대부터 있던 성 아래 정원은 여러 세기를 거쳐 낭만주의 양식과 신고전주의 양식으로 개축되었다. 희귀종 새들이 지나가는 사람들을 정겹게 맞이한다. 오늘날의 모습은 1752년도 화재 이후 1848~1849년에 새로 건축한 것이다. 크로메르지시 성은 중부 유럽에서 첫 민주주의 헌법을 승인한 의회의 개최지로서 역사적 의의가 더 깊다. 17~18세기 바로크 양식으로 건설한 중부유럽에서 가장 화

크로메르지시 성

려한 의회 홀이 있다.

이 성은 1997년 체코에서 가장 아름다운 도시로 뽑혔다. 19세기에 개축한 후기 고딕 양식의 거대한 성은 동화 속에서나 나올 법하다. 역사적인 내부 장식들, 회화 미술관, 도서관, 살라 테레나sala terrena(정원으로 이어지는 통로 홀), 의회 홀, 봉신의 홀, 잘 가꾼 정원수들로 장식된 두 개의 정원 모두 1997년에 유네스코 문화유산으로 등재되었다. 정원과 공원 그리고 조각들을 보며 산책하면 천국이 따로 없는 것 같다.

성의 건물 안에는 계단을 따라 조각 작품들이 화려하게 장식하고 있다. 테레나terrena홀의 계단 곳곳에 바로크 양식의 화려한 조각품이 눈길을 끈다. 안토닌 마르틴 루빈스키A. M. Lubinsky가 사암으로 만든 〈영원의 천재〉(1688~1692) 작품을 비롯하여 여러 조각품이 잘 배치되어 있다.

1885년 러시아 황제 알렉산드르 3세가 방문한 것을 기념하고 있는 로베츠키Lovecky 홀에는 수많은 짐승을 사냥한 트로피가 가득하다. 황제가 즐긴 당구장이 방 한가운데 자리하고 있으며, 황제의 홀에는 코르주힌이 그린 알렉산드르 3세의 초상화가 걸려 있다. 여기에서 오스트리아의 프란츠 요세프 1세가 러시아 황제를 접견했다.

〈세례 요한의 잘린 목〉

장미홀은 말 그대로 화려하고 예쁘다. 16세기 말 레오나르도 다 폰테Leonardo da Ponte가 그린 〈카니 갈릴레이스키 결혼식〉이 붉은 방을 장식하고 있다. 왕좌 홀Trůnní sál은 올로모우츠 대주교들이 모은 그림들과 판넬들이 가득하다.

회화관에는 희귀하거나 역사적인 그림들이 536점이나 있다. 그 중에서도 유럽 대부분의 거대한 미술관에서 볼 수 있는 〈세례 요한의 잘린 목〉(1515년)은 독일 화가 루카스 크라나흐 Lucas Cranach(1472~1553)의 그림이다. 역사적인 그림을 감상하면서, 독일 출신으로 오스트리아에서 가장 성공을 거둔 한 화가를 통해 당시 화풍을 음미해보는 재미도 쏠쏠하다. 크라나흐는 유화와 목판화를 통해 도나우파 미술에 크게 이바지했다. 도나우파는 오스트리아 중서부

크로메르지시 도서관

잘츠부르크 주의 주도州都 잘츠부르크와 서부 티롤 주의 주도 인스부르크뿐 아니라 빈, 파사우, 라티스본(지금의 레겐스부르크)을 중심으로 한 유파였다. 『성서』에 나오는 살로메Salome(『신약 성서』에 나오는 인물. 헤롯왕의 형인 필립보의 아내로, 나중에 헤롯 왕의 아내가 된 헤로디아의 딸)는 여러 세기를 거쳐 수많은 화가, 시인, 작가의 작품 주제이자 모티프로 사용되었는데, 이 그림은 헤롯왕과 살로메 그리고 세례 요한의 목 이야기의 진면목을 보여준다. 살로메는 소름 끼치는 잔혹한 매력을 가진

크로메르지시 성의 희귀본 도서관의 천정화

여성으로 묘사되곤 한다. 그리고 시대에 따라 각 화가의 개성에 따라, 서로 다른 포즈, 다른 표정의 살로메가 나타난다. 19세기 말에 "인생은 예술을 닮는다"고 외쳤던 오스카 와일드의 희곡 『살로메』에는 잔인한 살로메가 쟁반에 담긴 세례 요한의 목에 키스하는 장면이 나오기도 한다.

체코의 조그마한 도시의 대주교의 궁전에 있는 미술관에서 또 다른 그림을 발견하고 감복하지 않을 수 없다. 이곳에서 가장 유명하다는 〈아폴로와 마르시아스〉는 티치아노Tiziano Vecelli의 전성기 작품이다. 또한 발길을 멈추게 하는 반 딕의 〈영국 왕 찰스 1세와 왕비 헨리에타 마리아〉, 프란스 플로리스Frans Floris의 〈성가족〉 등이 있다.

이 아름다운 성의 희귀본 도서관은 1694년 리히텐슈타인 대주교가 짓기 시작했고, 1752년 화재 이후 1758년 슈테른J. Stern이 그림을 그려 장식했다. 슈테른이 1759년에 그린 도서관 천정화 〈주교 리히텐슈타인 카스텔 코르노와 에크의 미화〉도 무척 화려하다. 304권의 필사본과 180권의 인큐내뷸라(15세기 이전의 책), 16세기 이전의 1178권의 인쇄본과 18세기까지의 인쇄본 2000권이 소장되어 있다. 또 수만 개의 동전, 은전, 금전도 있다.

이 성에서 가장 화려한 로코코 양식의 만스키Mansky 홀은 중부유럽에서 가장 아름답고 큰 규모로, 로코코 양식의 홀이다. 천장화는 여러 전설과 이야기를 담고 있다. 프란츠 아돌프 폰 프리탈Franz Adolf von Freethal의 천장화인 〈주교 막스밀리안 하밀톤의 미화〉와 〈파리스의 심판과 펠레아의 결혼식〉 등은 화려함을 자랑한다.

인간이 빚어낸 자연의 예술 작품, 레드니체 발티체

오스트리아 국경의 브르제츨라프Břeclav에 접해 있어서 교통이 편리한 레드니체 발티체Lednice-Valtice 성 자연문화공원은 유네스코 자연문화보존지역으로 등재되었다. 레드니체 발티체 지역은 거대한 강, 운하와 공원이 모인 딘지로, 주위의 자연 풍경을 이음매 없이 합쳐 '유럽의 정원', '천국의 정원'이라는 별명을 얻었다. 유럽에서 가장 아름다운 정원으로 꼽히는 레드니체 발티체 종합 단지는 문화적인 자연 풍경의 전형이며, 인간의 손에 의해 자연이 독창적인 예술 작품으로 변형되었다고 칭송받는다.

브제슬라프를 벗어나 레드니체 발티체로 가는 길에 붉은 벽돌로 된 네오고딕 양식의 아담한 교회가 눈길을 끈다. 성모마리아 방문 교회로, 리히텐슈타인 가문이 세운 것이다. 다양한 채색 유리창이 화려한데, 원래 고딕 양식의 교회가 있던 자리에 200여 가지의 다양한 벽돌로 19세기 말에 만든 것이다.

이곳에 얼마 전에 문을 연 인형극 박물관도 어린들에게 좋은 볼거리이며, 체코 인형극의 역사를 보여준다. 인형극 박물관 개관식을 다녀온 체코 주재 한국 대사도 체코의 문화유산 보존과 볼거리에 감탄을 금치 못했다고 한다.

레드니체 발티체 지역은 좁게는 레드니체 발티체와 이웃한 브레즐라프 전역을 가리키고, 크게는 북쪽의 포디빈Podivin, 동쪽의 란즈호트Lanžhot, 남쪽의 발티체와 동쪽의 세들레츠까지 포함한다.

레드니체와 발티체 사이에 이어지는 거대한 인공 호수는 바다만큼 넓다. 이 지역을 즐기는 데는 차로 다녀도 하루 이상이 걸린다. 믈린스키 호수, 프로스트레드니 호수, 흘로호베츠키 호수, 네이호르제이시 호수 그리고 네시트 호수 등이 있는데, 나중에 네이호르제이시 호수는 없어졌지만 모든 호수는 양어장으로도 사용하고 있다. 그래서 호수 근처는 물새들의 천국이 되었고, 국제 조류학 보호 지역으로 지정되었다. 네시트 호수로부터 프첼리네크 강으로 떨어지는 멋진 인공 폭포도 있다. 거대한 개발 토목 공사는 1418년에 1차로 완성을 보았다.

성모마리아 방문 교회

13세기 중엽 리히텐슈타인 가문은 레드니체에 처음으로 토지를 구입하고, 이어서 디에Dyje 강물로 해마다 홍수가 나는 광대한 초원과 늪지대를 사들였다. 700여 년 후 리히텐슈타인 가문이 이 지역을 떠날 때(1945년)까지 이 늪 지역은 거대한 건축 단지가 되었다.

17세기 초에 공작의 칭호를 받은 카렐 1세 리히텐슈타인(1569~1627)이 본격적으로 발티체에 르네상스 양식의 성곽을 지으면서 조성되기 시작했다. 그리고 레드니체에 예전부터 있던 성채 주위에 아름다운 정원이 딸린 르네상스 빌라를 지어 여름철에는 이곳에서 보냈다. 그는 이어서 지역 교구 교회, 자비로운 형제 수도원 등을 건설했다.

카렐 1세의 아들 카렐 에우세프 리히텐슈타인(1611~1684)은 독일, 프랑스, 네덜란드 등지에서 1년 이상 법률학을 공부했고, 귀국 후 본격적으로 영지를 다스렸다. 그는 귀족 교육의 원칙을 만들고, 건축학 저서를 직접 썼으며, 영지의 건축을 설계했다. 심지어 영지 내의 폐허도 중요한 공작 영지의 영광과 위대함을 위한 문화유산으로 보전했다. 그는 프라하를 아름답게 장식했던 위대한 황제 루돌프 2세의 전통을 존중하여 발티체에 루돌프 양식의 궁전을 짓고 리히텐슈타인 예술작품 컬렉션도 만들었다. 또 그의 정원을 유럽에서 가장 아름답고 유명하게 만들었을 뿐만 아니라, 음악 및 연극과 연금술을 장려했다. 발티체에 석순과 종유석이 있는 인공 동굴도 만들었다.

또한 발티체의 성곽에 만족하지 않고 거대한 성곽 문화를 완성했다. 크기와 화려함에 있어서 체스키크루믈로프 성에 견줄 만하다.

레드니체 성

이탈리아 건축가 텐칼라를 고용하여 교회를 건설하기 시작했으나 완성하지 못하고, 브르노 출신 에르나 Ondrej Erna를 초청하여 완성했다. 교회 안은 루벤스의 〈성모몽소승천〉이라는 대형 그림으로 제단을 장식했다. 교회는 이 도시에서 가장 먼저 눈에 띄어 이 도시의 랜드마크 역할을 하고 있다. 그 후 그는 수많은 조각가, 건축가를 불러들여 성 주위에 수많은 분수대를 만들고 분수탑을 세워서 넓은 정원에 자동으로 물을 뿌리는 분수 시설을 만들었다.

그 외에도 레드니체와 발티체를 연결하는 오솔길을 건설했다. 특히 여덟 개의 오솔길이 만나 별 모양을 이루는 레드니체의 여름 파빌리온 흐베즈다Hvězda는 아름답기 그지없다. 가장 특이한 것은 야외극장으로, 야외극장의 바닥은 지하 동굴의 일부분을 재건한 성의 지하실과 연결되고 있다. 아치형 연결 통로의 축은 정원으로 향하는 주축과 통한다. 이 정원으로 향하는 축은 분수대로 장식되었고, 주축 양쪽으로는 꽃 장식, 분수대와 정자로 장식된 정사각형 정원이 연결되어 있다.

에우세프는 레드니체에 바로크 양식의 거대한 대저택을 건설하고 발티체에서 거주지를 옮겼다. 아들 요한 아담 안드레아에게 라이스트나Rajstna 언덕에 새로운 성을 짓도록 했으나, 아들은 발티체의 전통적인 성곽을 개보수했다. 그는 성곽 주위에 더 많은 마구간들과 승마용 홀을 만들어 본격적으로 종마를 기르는 데 신경을 썼다. 그는 심지어 성 안에 말을 위한 수영장을 만들었다. 그래서 '종마의 성'이라고 불리기도 했다. 이곳에서 기른 종마는 유럽에서도 유명해서, 프랑스 국왕 루이 14세에게는 말 한 쌍을 선물로 보냈다.

18세기 중엽에는 성 위쪽 지역에 낭만주의 양식의 인공 동굴이 건설되었다. 18세기에는 프랑스의 영향을 받아서 낭만주의 양식의 공원이 이 성의 동쪽 지역에 만들어졌고, 영국식 공원도 추가되었다. 이어서 거대한 열대 온실 오란제리에Orangerie와 자연 공원이 건설되고, 나중에 낭만주의 조각과 건축물로 장식되었다. 그 중에 하르트무트 첨탑은 이 지역의 랜드마크가 되었다. 또한 하르트무트는 벨베데레 장원, 뮤즈들의 신전, 노비 드부르Nový dvůr 궁정 등을 세웠다. 18세기에 세워진 무어 양식의 급수탑은 스페인의 코르도바 Córdoba에 있는 빨간색과 흰색의 줄무늬 아치를 한 코르도바 대사원을 연상시킨다.

건축가 코른 하우젤J. Kornhausel은 하르트무트가 설계한 건축을 계승하여, 아버지와 형제들의 기념탑인 거대한 열주들, 승리의 문 모양의 랑데부 장원, 아폴로 신전 등을 건설했다. 이는 나중에 건축가 엔겔F. Engel이 완성했다. 그는 세 개의 자비의 신전을 프로스트레드니 호수 남쪽 둑에 건설했다. 건축가 빈겔뮐레르G. Wingelmuller는 알로이시우스 요세프A. Joseph의 요청으로, 레드니체 성을 낭만주의 양식으로 개축했다.

성 내부에서 가장 눈길을 끄는 것은 도서관으로 오르는 정교한 나무 조각 계단이다. 낭만주의 양식으로 참나무에 정교한 무늬를 새겨 굽이치게 만든 모습이 용트림하는 것 같다. 실용적이면서 화려한 예술작품으로, 천장의 화려한 격자무늬와 잘 어울린다. 이는 라이스틀러K. Leistler 시대에 빈의 가구 전문 회사에 주문하여 만든 것이다. 복도 벽에 걸린 수많은 짐승들의 뼈와 박제품은 귀족이 얼마나 사냥

레드니체 성 계단

을 좋아했는지를 말해준다. 귀족의 생활상을 한눈에 볼 수 있는 여러 방에는 화려한 장식과 가구, 조각, 회화로 가득하다. 정교한 네오고딕 양식의 의자는 예술작품이나 다름없다. 천장의 신고딕식 치장벽토로 된 궁륭 양식의 갈빗대 서까래는 체코 어디에서나 볼 수 있는 모습이나 다름없다.

중세부터 수많은 나무와 식물의 이식 재배로 합스부르크제국 내에서 가장 규모가 큰 보르지 레스Boří les(소나무 숲)가 조성되었다. 특히 19세기 중엽에 이 성의 재정 담당자였던 발베르크 출신 발라셰크T. Walaschek는 북아메리카의 여러 식물을 심도록 해서 오늘날 이 지역에는 장식용 나무 외에도 목재용 수종이 자라고 있다. 또한 인간이 심은 나무 외에도 수많은 기생식물과 다양한 버섯이 자라고 있다. 그래서 사람들은 휴가 때 숲 속으로 가서 버섯을 따는데, 이렇게 모은 버섯을 오이지 담듯이 병에 넣어서 겨울 내내 먹기도 한다. 또 여러 가지 동물들도 수입하여 새로운 동물 공원을 조성했다. 레드니체의 칸치 오보라Kančí obora(금엽 지구)에는 멧돼지를, 보르지 레스에는 사슴을, 노비 드부르에는 스페인 메리노 양을, 벨베데르 장원에는 스위스 베른의 가축, 꿩, 뿔닭, 칠면조를, 레드니체 공원에 있는 공작섬에는 공작새를, 원숭이 섬에는 원숭이를 들여서 길렀다.

발티체 성의 역사는 11세기부터 시작되었으나 14세기 말에 리히텐슈타인이 이 지역을 사들이면서 본격적으로 발전하기 시작했다. 아름다운 바로크 양식의 거대한 성은 1690년대에 건축가 요한 베른하르트 피셰르J. B. Fischer와 이탈리아 볼로냐 출신 건축가 안토니오

밀티체 성은 르네상스와 마니에리즘 양식으로 개축되었다가 바로크 양식으로 재건되었다.

베두치A. Beduzzi에 의해 축조되었다. 화가 도멘니코 마이나르디D. Mainardi와 조각가 프란츠 비에네르F. Biener가 성 내부 장식과 성 교회를 장식했다. 성 교회는 중부유럽 지역에서 가장 아름다운 바로크 양식의 교회다. 한 건축가의 디자인에 따라 회화, 조각 및 내부 장식까지 한 것은 아주 특별하다. 교회의 오르간은 빈의 조각가 로타르 프란츠 발테르L. F. Walther의 작품이다. 음악회 때 들을 수 있는 오르간 소리가 멋있다.

발티체 성 지하의 와인 저장고

성 앞의 여러 건물은 18세기 중반에 안톤 요한 오스펠A. J. Ospel에 의해 세워졌다. 2차 세계대전 직후에 여자 노동자들의 수용소와 창고로 쓰이다가 1960년대에 성의 내부 장식이 복원되면서 오늘에 이르고 있다. 유럽의 수많은 화가들과 조각가들의 작품들이 전시되어 있다. 카렐의 거실, 붉은 방, 거실, 손님 접대용 방, 거울 방과 회화 갤러리 등은 오스트리아 빈의 센부르크 궁전을 떠올리게 할 정도다.

포도주의 왕국 발티체라는 표어가 군데군데 걸려 있고, 성 안 지하 와인 저장고에서 포도주를 시음해볼 수 있다. 모라바산 아이스와인은 캐나다 아이스와인보다 훨씬 오랜 역사를 가지고 있고 품질 면에서 결코 뒤처지지 않는다. 발티체 성 주위의 약초 정원과 농촌 박물관에서 와인 재배, 생산 도구 시설을 둘러보는 것도 재밌다.

축제와 축일

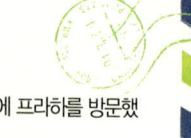

프라하 시내에서 어떤 사람을 만났을 때의 이야기다. 성탄절 무렵에 프라하를 방문했던 그 사람은 몇 년 전 부활절 무렵에도 프라하에 들른 적이 있다고 했다. 공교롭게도 프라하를 찾을 때마다 시내 곳곳에서 행사가 벌어지고 있어서 프라하가 축제를 위해 존재하는 도시 같다고 했고, 프라하에만 오면 유쾌한 분위기에 휩싸여 축제를 즐긴다고 했다.

부활절과 성탄절 기간에 화려하고 떠들썩한 행사가 벌어지는 것은 사실이지만, 체코에서는 이 밖에도 수많은 축제와 축일이 연중 이어진다. 체코인들은 유럽에서 가장 비종교적인 사람들인데도 가장 종교적인 성격이 강한 부활절과 성탄절을 기념하는데, 종교적인 의미에서의 축일이라기보다는 일종의 전통 축제로 여기기 때문이다.

체코인들은 매일의 삶을 마치 축제처럼 즐기고 있는 듯하다. 출근 시간이 빠른 만큼 퇴근 시간도 빠른데, '퇴근 후의 시간을 어떻게 보낼 것인가'는 체코인들에게 가장 중요하고 행복한 고민이다. 우리의 경우에는 퇴근 시간이 지나도 회사에서 야근하거나 자기계발을 위해 학원이나 학교에서 공부를 하는 등 빡빡한 일정에 시달리지만, 체코인들은 일은 근무 시간에 하는 것이고 그 외에는 문화를 즐기거나 쉬어야 한다고 생각한다.

그들은 퇴근 후 일찍 집에 가서 가족들과 함께 시간을 보내기도 하고 생일이나 명명일svátek을 맞은 동료를 축하하기도 하며, 집 주변 호스포다hospoda(체코식 선술집)에 가서 맥주를 즐기며 수다를 떨기도 한다. 체코 달력에는 각각의 날에 성인의 이름이 기록되어 있는데, 태어난 날의 성인의 이름을 따서 이름을 짓는 경우가 많다. 성인의 이름이 자신의 이름과 일치하는 날이 바로 명명일이다. 명명일은 생일만큼이나 중요한 날이어서, 생일을 가족들과 함께 축하한다면 명명일은 친구나 동료들과 함께 축하한다.

체코에서는 계절마다 다양한 행사가 개최되는데, 계절에 따른 전통 행사나 최근에 와서 만들어진 문화 행사 등 그 종류가 다양하다.

가장 중요한 봄철 행사로는 마소푸스트와 부활절이 있다. 원래는 기독교 축제였지만, 지금은 종교와 무관하다. 다만 종교적인 달력에 따라 날짜가 정해진다.

자연의 휴면 상태인 겨울이 끝나고 봄이 오는 시기에 기독교인의 축제인 마소푸스트, 즉 카니발이 시작된다. 가장 큰 축하 의식은 재의 수요일(사순절 첫날) 전 마지막 3일에 시작되지만, 전통적으로는 카니발 주간 전의 '비대한 목요일'에 케이크와 맛있는 음식을 만들고 축제 의식을 준비하며 축하연을 시작한다. 카니발 축하 의식은 일요일에 시작되어 화요일에 행렬과 함께 끝난다. 가면을 쓴 사람들은 가정을 방문하여 새해 인사를 나누고 맛있는 음식을 받는다. 자정에 종치기는 카니발의 마지막을 알린다.

다음 날은 사순절의 시작으로, 신부는 이마에 재와 물을 섞어 성호를 그려주며 40일의 사순절이 시작된다는 것을 상기시켜준다. 사순절에는 금식만 하는 것이 아니라, 불필요하고 쓸모없고 인생에 방해가 되는 것을 금기시한다.

부활절은 기독교에서 성탄절과 함께 가장 중요한 날이지만, 체코에서는 부활절의 종교적 의미가 퇴색한 지 오래다. 예수 부활제는 중부유럽 전역에서 인기가 있는데, 그리스도의 조각상이나 성화가 있는 성체현시대를 들고 온 마을을 지나가는 행렬이 벌어진다.

부활절은 항상 봄의 첫 번째 대보름 후 첫 번째 일요일이다. 이날 사순절이 끝나고 잔치를 벌인다. 신성한 부활절 음식으로는 어린 양고기, 십자가 모양의 과자, 달걀, 빵, 포도주 등이 있다. 사순절 동안 금식한 후에 갑작스레 기름진 음식을 많이 먹으면 문제가 생길 수 있으므로, 체코 동부 지역인 호스코Chodsko 지역의 기독교인들은 교회에서 축성한 음식만 먹었다.

부활절 다음 첫 월요일은 부활절 월요일이라고 불리는데, 소년들이 소녀들을 만나러 가는 날이다. 소년들은 채찍으로 소녀들을 가볍게 때리는데, 소녀들은 매를 피하기 위해 부활절 달걀을 소년들에게 준다. 때로는 소년들이 채찍 끝에 색깔 리본을 달기도 한다. 시골에서는 대개 월요일 아침에 남자들(어른, 아이 모두)이 회초리pomlázka로 여자들을 가볍게 때리고 더 아름다워지라며 물을 끼얹는다. 예전에는 집주인이 머슴들에게 게으름을 피우지 않고 일을 열심히 하라는 의미에서 버드나무 가지로 때리기도 했다. 오늘날 도시에서는 남자들이 여자들을 찾아가서 때리고 삶은 채색 달걀 또는 토끼, 병아리, 어린 양 등 작은 동물 모양의 초콜릿이나 마실 것, 때로는 술 등을 받는다.

오늘날에는 가정이나 지방에 따라 풍습이 다양하다. 체코 유태계 가정에서는 부활절은 새 봄을 맞이하는 의미이며, 기독교 전통을 포함한 전통적인 축제와 관련이 있다. 소녀들은 달걀을 요리하고 채색하여 소년들에게 선물한다. 그러면 부활절 축제가 끝날 무렵 채색 달걀을 먹는다. 가정에 따라서는 여러 종류의 케이크를 굽는다. 이날 준비하는 특별 요리로 마자네츠(십자표로 장식된 동그란 과자)와 흘라브니츠카(썬 고기와 달걀, 쐐기풀, 곡식, 나물 등을 섞어서 구운 요리) 등이 있다. 부활절에 먹는 또 다른 전통 음식은 양고기인데, 체코인들은 양고기를 별로 좋아하지 않기 때문에 어린 양 모양의 부활절 케이크를 먹는다.

4월 30일에 있는 '마녀 화형식'도 봄에 치르는 중요한 축일의 하나인데, 짚으로 마녀 모양을 만들어 낡은 옷을 입힌 다음 들판에 가서 태운다. 마녀는 추운 겨울을 상징하는데, 마녀를 태워 추위를 쫓는 동시에 추위 때문에 생긴 사악한 기운을 땅에서 몰아내어 농사가 잘되기를 기원하는 행사다.

축일 이외에 봄철 축제로 가장 잘 알려진 것은 프라하의 봄 음악 축제이고, 이외에도 3월 27일에 개최되는 국제 필름, 방송 및 비디오 페스티벌 FebioFest과 현대 유럽 영화를 중점적으로 소개하는 유럽필름주간도 빼놓을 수 없는 행사다. 인권영화 페스티벌인 하나의 세계 Jeden Svět와 체코 국영 텔레비전에서 주최하는 골든 프라그 Golden Prague나 국제 아코디언 페스티벌도 3월에서 4월까지 이어진다. 5월에는 올로모우츠에서 국제 화훼 페스티벌이 개최되고, 집시 문화를 소개하는 국제 집시 페스티벌 Khamoro과 세계 꼭두각시 인형 예술 축제도 열린다.

여름에 벌어지는 행사 중 가장 주목을 끄는 것은 카를로비바리 영화제다. 카를로비바리는 체코의 서쪽에 위치한 온천 도시로 유명한데, 1946년에 영화제를 개최한 이후 매번 60여 개국에서 출품한 300여 편의 영화를 상영하며 유럽 4대 영화제의 하나로 자리 잡았다.

여름에는 전국에 걸쳐 민속 축제가 벌어지는데, 남모라바 스트라쥐니체와 나므네스트 나 하네 등에서 개최되는 민속 축제가 특히 유명하고 북부 모라바의 로즈노프의 민속 축제도 빼놓을 수 없다. 남부 보헤미아의 체스키크루믈로프에서는 여름 음악 축제가 개최되며, 이 밖에도 보헤미아 모라바 관악기 축제나 세계 파이프 오르간 페스티벌, 현악 페스티벌, 현대 댄스 축제, 작가대회 등이 이어진다.

가을에도 역시 음악 축제는 이어진다. 프라하의 봄 음악 축제에 비해 규모가 작기는 하지만 프라하의 가을 음악 축제가 한 달 동안 이어지고, 국제 재즈 페스티벌, 국제 학생 오케스트라 페스티벌, 가을 현악 축제 등도 있다. 그러나 가을에 가장 중요한 행사는 와인 축제Burčák인데, 프랑스의 보졸레 누보Beaujolais Nouvea 축제와 같이 처음 추수하는 포도로 빚은 와인을 마시며 기념하는 행사다. 특히 와인 산지로 유명한 북부 보헤미아의 리토므녜지체나 모라바의 호도닌, 미쿨로프 등지의 축제가 유명하다. 한편 돼지 잡기라는 행사도 빼놓을 수 없는데, 친한 사람들과 돼지를 잡아 바비큐 등을 해 먹는다. 고기를 구워 먹기도 하고 내장에 고기를 꽉 채운 체코식 소시지 이트르니체jitrnice를 만들기도 한다.

성탄절 이전인 12월 6일은 성 미쿨라시의 날이다. 성 미쿨라시는 산타클로스에 해당하는 성인인데, 변장한 사람들이 천사와 악마를 대동하고 이웃집에 찾아가 착한 아이에게는 선물을 주고 나쁜 아이에게는 석탄을 주는 퍼포먼스를 벌인다.

겨울에 가장 중요한 행사는 성탄절이다. 싱단절 역시 종교적 축일이라기보다는 축제에 가까운데, 이날 미사를 드리거나 기타 종교 행사에 참여하기보다는 가족들과 함께 모여 잉어 튀김 요리와 감자 샐러드를 즐기고 선물을 주고받는다. 원래 성탄절에는 저녁까지 금식하는데, 체코에서는 "저녁까지 금식하면 금 돼지를 볼 수 있다"는 말이 있다. 하루 종일 아무것도 먹지 않아서 헛것이 보이는 것일 수도 있으나, 이날의 종교적 의미를 기억하고 저녁에 가족과 함께 맛있는 음식을 많이 먹을 테니 조금만 참으라는 의미도 담겨 있다.

예전에 즐겨먹던 크리스마스 요리는 오늘날보다 소박했다. 크리스마스이브 음식은 보통 완두 수프, 버섯을 곁들인 감자 푸딩, 완두콩, 절인 양배추, 건포도를 곁들인 쌀 푸딩, 말려서 요리한 사과나 배 같은 과일 요리 무지카muzika, 바노츠카vánočka라고 불리는 개암을 곁들인 크리스마스 빵, 얇게 채 썬 사과 파이와 커피 등이다. 저녁은 기도와 다산의 상징인 작은 빵 한 조각으로 시작한다. 키셀로kyselo라고 불리는 수프(효모와 감자로 만든 신맛의 수프)는 빠질 수 없다. 저녁 식사 후에 사과를 반으로 자르고, 잘린 모양으로 한 해를 점친다. 미래를 예언하는 데는 호두도 사용된다. 아이들은 호두 껍데기에 작은 양초를 고정시킨 작은 배를 만들고, 호두 배를 물로 채워진 사발에 놓고 띄운다.

크리스마스에 소녀들은 올해 결혼할 수 있는지 알기 위해 나무로 된 신발을 머리 위로 던지기도 한다. 대중적인 방법은 녹인 초나 납을 물속에 넣는 것이다. 소녀들은 부어진 모양에 따라 미래 신랑의 직업을 예언했다.

이처럼 연중 계속해서 이어지는 각종 축일과 축제를 즐기다 보면 체코인들은 즐기기 위해 사는 것 같다는 말이 맞는 것 같기도 하다. 그러나 이런 축일이나 축제 등의 문화 행사는 삶에 지친 사람들을 위로하는 것이자 예부터 내려오는 전통이며, 그 자체가 하나의 삶이다.

체코의 음식

"엄마 요리가 최고야"라는 속담대로 체코 여자들은 마법의 손을 가지고 있다고 할 정도로 다양하고 맛있는 요리를 잘 만든다. 물론 젊은 세대는 요리를 할 줄 모른다. 체코의 음식은 보기에는 소박하고 투박해 보이지만, 맛은 어느 나라 요리에 못지않다. 또한 접시에 다 담기지 않을 정도로 가득한 양은 '상다리가 휘어질 정도의 식사'를 상상하는 우리의 정서를 느낄 수도 있다.

체코인들의 음식은 고기가 주식이고, 요구르트와 차와 커피를 많이 마신다. 반면에 채소를 적게 먹는다. 체코 음식은 고기와 튀김 요리가 많고, 각종 소스가 다양하다. 소스의 재료로 파프리카나 마늘, 양파, 버섯 등을 사용하는데, 고기 요리마다 다른 소스를 얹어 먹는다. 또한 고기 요리와 더불어 감자와 크네들리키(knedliky(덤플링))를 곁들여 먹는다.

흔히 체코에 거주하는 외국인들은 체코 음식에 적응하기가 힘들다고 하지만, 곧 체코 음식에 중독된다. 기름지고 짜서 처음에는 거부감이 들지만, 맛이 풍성하고 독특하기 때문이다.

아침 식사는 상당히 간단하다. 흔히 커피나 차 한 잔, 과일 한 조각, 요구르트 한 병 등으로 간단히 해결한다. 반면 점심을 가장 든든히 먹고, 집에서 저녁 식사를 할 경우에는 소시지나 수프 혹은 과일을 얹은 팔라친키 등을 간단히 먹는다.

돼지고기 요리와 크네들리키(덤플링과 비슷)

외식을 할 경우, 대개는 스프와 메인 요리로 끝나지만, 고급스러운 식당에서 요리를 즐기거나 특별한 행사를 치를 때는 전채 요리에서 스프를 거쳐 메인 요리와 디저트까지 먹기도 한다. 메인 요리에 앞서 즐기는 전채 요리와 스프, 디저트가 다양해서 미식가들 뿐만 아니라 체코의 문화를 체험하고 싶은 사람들은 한 번쯤 경험해보는 것이 좋다.

가장 대표적인 전채 요리는 치즈 플래터sýrová mísa(치즈 한 덩어리)로 지름이 3~4센티미터 정도 되는 둥그런 에이담 치즈에 파프리카와 피클 등을 섞어서 버터에 튀긴 것이다. 치즈 플래터 이외에도 고기 플래터가 전채 요리로 제공되는데, 고기 플래터에는 햄과 살라미 소시지가 곁들여지기도 한다. 전채 요리로 나오는 소시지의 종류도 다양한데, 튀김옷을 입히지 않고 구워낸 핫도그나 두껍게 썰어서 소금에 절인 소시지, 고기를 젤리처럼 만든 머리고기도 있다.

수프는 크게 건더기가 가득한 수프와 맑은 국물 수프로 나뉜다. 체코 요리를 혹평하는 사람들도 수프만은 맛있다고 하는 경우가 많은데, 건더기가 들어간 수프는 한 끼 식사가 될 정도로 푸짐하다. 감자 수프와 양배추 크림숩프, 완두콩, 강낭콩 수프 등도 맛이 괜찮으며, 내장탕과 비슷한 수프 드르슈츠코바dršťková는 일품이다. 맑은 국물 수프에는 닭고기 수프와 소고기 수프, 양파 수프와 마늘 수프 등이 있는데, 국수나 빵을 넣어 먹는다.

샐러드는 그다지 맛있지 않다. 식당의 메뉴에 '신선한 샐러드'라는 항목이 있지만 실제로 신선한 경우는 드물다. 쇼프스키 샐러드šopský salát라는 치즈 혼합 샐러드는 각종 과일과 토마토, 오이, 양파 등의 야채에 발칸 치즈가 뿌려져 나오며, 혼합 샐러드는 치즈를 빼고 과일과 야채만 제공된다. 이외에도 토마토, 오이, 당근, 양배추 샐러드 등 종류가 다양하다. 간이식당이나 식료품 상점에서는 각종 야채를 마요네즈에 버무려 팩에 담아 판매하기도 한다.

체코의 식당에서 즐기는 메인 요리는 배가 고픈 여행객들에게는 아주 훌륭한 음식으로, 접시 한 가득 담겨 나오는 고기와 감자 등을 보기만 해도 군침이 흐른다. 일반적으로 식당에서의 메인 요리는 사용하는 고기의 종류에 따라 항목이 구분되며, 다시 고기별로 세분된다.

가장 대표적인 체코의 음식은 돼지고기 크네들리키 양배추 요리다. 구운 돼지고기와 양배추에 특별한 소스를 얹고 크네들리키를 더한 것이다. 체코 굴라시český guláš는 주로 파프리카로 양념한 채소와 쇠고기를 재료로 한 일종의 스튜인데, 굴라시는 원래 헝가리어로 '구야시 레베스gulyas leves(목동의 수프)'라고 한다. 굴라시는 중부 및 동부유럽 국가에서는 아주 인기 있는 메뉴다. 매운 파프리카나 양파 등을 사용해서 맛이 매콤한 굴라시도 있다. 소고기 요리 중에는 안심이 가장 대표적인데, 소의 안심살을 두툼하게 잘라 구운 다음 독특한 향이 나는 소스를 얹어 감자나 크네들리키와 함께 먹는다.

닭고기와 생선 요리도 맛이 괜찮다. 닭고기는 구운 것과 튀긴 것이 있으며, 생선 요리 중에는 송어와 잉어 요리가 가장 대표적인데 주로 튀겨 먹는다.

메인 요리와 함께 곁들여 먹는 음식으로는 감자와 크네들리키 그리고 쌀밥과 파스타 등이 있다. 가장 대표적인 것이 감자인데, 튀긴 감자, 구운 감자, 으깬 감자, 크로켓 등 종류가 다양하다. 변두리 식당이나 저렴한 식당에서는 사이드 요리가 메인 요리에 포함되어 제공되기도 하지만, 일반적으로는 따로 주문해야 한다.

간단히 요기를 하고 싶으면, 시내 곳곳에 위치한 가판대나 간이식당에서 핫도그나 소시지 등을 먹을 수 있다. 여기에 케첩이나 겨자를 듬뿍 찍어 빵 한 조각과 먹으면 한 끼 식사로도 부족함이 없다. 또한 우리의 감자전과 비슷한 브람보라크 bramborak도 빼놓을 수 없는 간식거리다. 물론 샌드위치나 체코의 전통 과자 콜라치koláč도 시장함을 해

굴라시 수프

다양한 체코 치즈. 와인이나 맥주 등의 술안주로 적격이다.

결할 수 있는 훌륭한 먹거리다. 치즈 튀김도 맛이 괜찮은데, 두꺼운 에이담 치즈나 헤르멜린 치즈에 튀김 가루를 입혀 튀긴 뒤 타타르 소스를 곁들여 먹는다.

전통적인 명절 전통 음식도 다양하다. 크리스마스 때는 채소와 함께 요리하는 잉어 수프가 민간 전래 음식이다. 특히 살은 따로 쓰고 잉어의 머리, 꼬리, 내장, 알 등을 사용한다. 전통적인 체코 음식은 지방과 설탕을 많이 사용해서 건강에 나쁘다고 한다. 그래서 체코는 비만인이 많은 나라 중의 하나다. 오늘날은 생활수준이 높아져서 옛날에 잔치나 축제 때만 즐기던 음식을 매일 즐기는 경향이 있다.

체코에서는 전통적으로 마늘이 고혈압 억제제와 음식 방부제로도 사용된다. 마늘빵과 마늘이 혼합된 소스는 인기가 있다. 특히 빵을 기름에 살짝 튀겨서 마늘을 발라 요리한 것을 토핀카topinka라고 하는데, 맥주 안주로 일품이다. 특히 숙취 해소용으로 마늘 수프를 먹는다. 강장제로 마늘 수프나 생마늘을 먹기도 한다.

체코인들은 달콤한 음식을 좋아하기 때문인지 후식 문화가 잘 발달되어 있다. 대표적인 디저트에는 팔라친키가 있는데, 얇은 크레이프에 잼이나 크림 혹은 초콜릿 등을 뿌려 먹는 것이다. 꽈배기 모양의 케이크, 콜라치, 스트루델 과자, 생강 쿠키를 비롯하여 여러 모양의 크리스마스 쿠키나 과자, 케이크는 체코인들이 가장 자랑하는 요리다. 독특하고 다양한 과자는 가정에서 대대로 이어지며, 가족마다 독특한 문양을 한 과자를 맛볼 수 있다. 손님을 초대하여 독특한 모양과 맛을 내는 디저트를 내는 것이 체코 주부의 자랑이다.

　체코 커피는 16~17세기에 터키에서 유래한 이래 모든 사람들의 기호 식품이 되었다. 전통적으로 홍차를 많이 마셨지만, 오늘날 젊은이들 사이에는 암 예방에 효과가 있다는 녹차의 소비가 늘고 있다. 물론 예부터 카밀라, 자스민 등 향기 좋은 약초차를 마시기도 했다. 체코의 국화인 보리수 꽃이나 야생 꽃을 따서 차로 만들어 먹기도 한다. 날씨가 궂어서 추울 때에 홍차나 꽃차를 마시거나, 뜨거운 물에 럼주를 타는 그로크grog라는 음료를 마신다.

'흐르는 빵' 맥주, '늙은이의 우유' 포도주

옛날부터 체코에서는 술집에서 '마시는 빵'으로 저녁을 대신하는 일이 많다. 거품과 혀끝에 감도는 호프 맛이 일품인 생맥주를 체코인들은 '흐르는 빵tekutý chléb' 또는 '마시는 빵'이라고도 부른다. 이처럼 맥주는 체코인의 유쾌한 삶의 동반자다. 체코인들의 맥주 문화를 이해하면 체코인들의 관습을 이해할 수 있다. 그만큼 체코와 맥주는 뗄 수 없는 관계다. 체코인들의 식생활은 맥주로부터 시작된다고 해도 과언이 아니다. 체코인들은 유사 이래 계속해서 맥주를 만들고, 마시고, 맥주를 통해 삶을 살아왔다.

세계 제1위 맥주 소비국은 체코공화국이다. 또한 최초의 필스너가 탄생한 국가로서 맥주의 기본을 제시하고 있다고 할 수 있는데, 필스너 우르켈을 위시하여 감브리누스, 부드바르Budvar, 호도바르Chodovar, 예제크, 프리마토르 등은 3개월 이상 걸리는 자연 발효 공법을 통해 맥주의 본래 맛을 유지하고 있다.

필스너가 유명해지면서 필스너의 맛과 품질을 재현하려는 해외의 여러 국가로 제조 기술이 급속히 확산되었다. 현재 우리가 마시는 라거 맥주는 대부분 필스너 공법으로 만들어진 것이다. 감브리누스의 라거 맥주는 진한 황금빛과 풍부한 거품, 특유의 쓴맛을 지닌 농도 짙은 맥주로, 천연 원료로 유명한 플젠 지방의 물과 지방 맥주 제조장에서 여러 세대를 거쳐 축적되어온 기술이 맛을 낸다. 체코 역사상 가장 공적이 많은 황제였던 카렐 4세의 증조부이며 맥주 애호가인 브라반트 공작의 이름을 따서 감브리누스라는 칭호를 받게 되었다.

체코 맥주집

예부터 체코는 지방마다 가정집 맥주가 유명했는데, 가정에서 맥주를 만들다가 자주 화재가 발생하자 화재를 막고 주세 수입을 일원화하기 위해 정부가 맥주 양조를 독점했다. 예제크는 필즈너 우르켈처럼 체코 사람들의 기호에 맞게 고품격 맥주를 양산하기 시작했고, 라거 맥주의 대명사가 되었다. 예제크는 물, 맥아, 이스트, 호프 이외의 어떠한 재료도 첨가하지 않고 엄격하게 전통 그대로 만들고 있다. 체코의 고산 지대에서

아이스와인

생산되는 최고급 비소치나Vysočina 맥아와 화합물을 첨가하지 않은 전통 체코 사즈Saaz 호프를 사용하여 진한 황금빛과 깊고 풍부한 맛, 상큼한 과일 향, 크림 같은 거품을 지닌 맥주의 표본이다. 자료에 의하면 신성로마제국의 공국이었던 삭소니Saxoni 공국의 공후였으며 마르틴 루터를 도와 종교개혁을 성공시킨 프레드리흐 3세가 애용했던 황실 맥주도 잘 알려져 있다. 특히 단맛과 구수한 맛이 나는 흑맥주는 여성들이 좋아한다.

맥주를 마시면 살이 찐다는 것은 잘못된 상식이다. 알코올로 섭취된 칼로리는 혈액순환이나 체온 상승에 이용되기 때문에 체내에 축적되지 않는다. 따라서 살이 찌는 것은 맥주가 아니라 맥주와 함께 먹는 안주 때문이다.

과거 오스트리아제국의 루돌프 2세의 주치의와 페르디난트 2세의 주치의는 맥주가 강장 음료이며 피부병에 효과가 있고 해독 작용을 한다고 기록했다. 이러한 효능이 모두 사실인지는 확실하지 않지만, 맥주에는 복합비타민 B가 풍부해서 음식으로서 가치가 있는 것만은 분명하다.

한편, 체코산 포도주나 모라바산 포도주는 순수한 맛으로 유명하다. 첨가제를 쓰지 않은 테이블 와인으로는 모라바의 와인이 값싸고 질 좋기로 유명하다. 음악회나 연극 등 중간 휴식 시간에 백포도주나 샴페인을 한 잔씩 즐기는 문화 등 체코인들의 삶에 와인은 중요하다. 특별한 날 손님으로 초대받으면 포도주를 한 병 가져가는 풍습이 있다. 가을이 되면 그해에 나오는 싼 와인을 리터 단위로 판다. 또한 와인 생산지마다 다양한 볼거

리를 제공하는 와인 축제가 열린다.

붉은 포도주를 적당히 마시면 심장병의 위험을 감소시키며 건강의 지름길이라고 한다. 체코인들은 포도주를 '늙은이의 우유Mléko starců'라고 하며, 나이가 들수록 포도주를 즐긴다. 카렐 대학교의 푸체크 교수는 정맥에 문제가 있는데, 의사가 하루에 적포도주 한두 잔을 처방했다고 한다. 이처럼 체코에서는 포도주가 약으로도 처방된다. 술이 과하면 해가 되고 적당하면 약이 된다는 것은 동서고금 어디에서나 마찬가지인 모양이다.

모라바 지방에는 지하에 포도 저장고를 가지고 있는 가정이 많다. 그래서 모라바인들은 포도의 질이 좋은 해에 포도주를 만들어 지하에 저장했다가 두고두고 마신다. 특히 귀한 손님이 찾아오면 좋은 포도주를 자랑하기도 한다. 포도주가 삶의 동반자인 것이다.

모라바 지역은 백포도주 생산으로도 잘 알려져 있다. 백포도주에는 칼륨, 칼슘, 마그네슘 등의 미네랄이 다량 함유되어 있고 이뇨 작용에 좋다고 한다. 또 0.5퍼센트의 유기산이 함유되어 있어서 식욕 증진 효과가 있고, 장내 세균의 균형을 조정하는 작용을 한다. 최근 연구에 의하면 백포도주는 대장균과 살모넬라균의 항균력이 적포도주보다 한결 높은 것으로 나타났다. 모라바산 백포도주는 다양하지만, 체코인들은 신맛이 적고 향기가 좋은 밀러 투르가이Muller Thurgau를 생선 요리에 즐겨 곁들인다.

와인 저장고의 지역 교회 기도소

KI신서 4992
일생에 한번은
프라하를 만나라

1판 1쇄 발행 2013년 5월 23일
1판 5쇄 발행 2018년 1월 2일

지은이 김규진
펴낸이 김영곤 **펴낸곳** (주)북이십일 21세기북스

정보개발본부장 정지은
디자인 디박스
출판영업팀 이경희 이은혜 권오권
출판마케팅팀 김홍선 배상현 최성환 신혜진 김선영 나은경
홍보기획팀 이혜연 최수아 김미임 박혜림 문소라 전효은 염진아

출판등록 2000년 5월 6일 제 10-1965호
주소 (10881) 경기도 파주시 회동길 201(문발동)
대표전화 031-955-2100 **팩스** 031-955-2151 **이메일** book21@book21.co.kr
홈페이지 www.book21.com **블로그** b.book21.com
트위터 @21cbook **페이스북** facebook.com/21cbooks

(주)북이십일 경계를 허무는 콘텐츠 리더

21세기북스 채널에서 도서 정보와 다양한 영상자료, 이벤트를 만나세요!
페이스북 facebook.com/21cbooks **블로그** b.book21.com
인스타그램 instagram.com/21cbooks **홈페이지** www.book21.com
서울대 가지 않아도 들을 수 있는 명강의! 〈서가명강〉
네이버 오디오클립, 팟빵, 팟캐스트에서 '서가명강'을 검색해보세요!

ⓒ 김규진, 2013

ISBN 978-89-509-4933-4 13810

책값은 뒤표지에 있습니다.

이 책 내용의 일부 또는 전부를 재사용하려면 반드시 (주)북이십일의 동의를 얻어야 합니다.
잘못 만들어진 책은 구입하신 서점에서 교환해 드립니다.